岩波現代全書

113

グローバル化する靖国問題

Gendaizensho
岩波現代全書
113

グローバル化する靖国問題

東南アジアからの問い

早瀬晋三
Shinzo Hayase

目次

はじめに――東アジアのなかの日中・日韓歴史問題

日中・日韓歴史問題と東南アジア

日中・日韓それぞれ二国間の歴史問題は、まったく解決の糸口がみえない状況が長らくつづいている。一時的に表面化しなくなっても、なにかのきっかけに再燃し、双方とも同じ主張を繰り返して変化がないようにみえる。だが、日本、中国、韓国など北東アジア諸国・地域に東南アジア諸国・地域を加えた東アジアという地域からみた場合、日中・日韓の歴史問題の位置づけは大きく変わってきている。本書は、東アジアという地域から日中・日韓歴史問題をみることによって、地域の安定と発展へのみちすじを考えることを目的としている。

東アジア地域にとって日中・日韓歴史問題が重要になってきた背景には、アセアン（ＡＳＥＡＮ：東南アジア諸国連合）の存在感が高まってきたことがある。アセアンの枠組みのなかでは二〇一五年末に経済共同体（ＡＥＣ）が成立し、共同体の三本柱の残り二つの政治・安全保障共同体（ＡＰＳＣ）と社会・文化共同体（ＡＳＣＣ）の成立に向けて議論を重ねている。日中韓三カ国とは、一九九七年以来アセアン＋3に加え、それぞれの国との首脳会議が開催されている。

外務省ホームページに掲載されている参考資料「目で見るＡＳＥＡＮ――ＡＳＥＡＮ経済統計基礎資料」[1]によると、二〇一六年のアセアンは、面積で日本の一一・九倍、人口で五・〇倍の六億人強、

GDP(国内総生産)は五一・七%、輸出入貿易額は一・八倍になっている。アセアン各国は、対アメリカドル為替レート、実質GDP成長率、消費者物価指数、失業率も概ね安定しており、一六年の一人あたりのGDPは日本の一〇・二%とまだかなり低い水準にあるが、今後アセアンの年五%成長、日本のゼロ成長がつづいた場合、十数年後には日本を追い抜くことになる。一〇年に日本を抜いて世界第二の経済大国になった中国のGDPは、一六年には日本の二・三倍になっている。

日本の対アセアン貿易(輸出入合計)は全輸出入額の一五・〇%を占め、対中国の二一・六%、対アメリカ一五・八%より少ないが、EU一一・九%、中東六・七%、そして韓国(五・七%)、台湾(五・〇%)、香港(二・八%)の三カ国・地域の合計一三・五%より多い。日本の対外直接投資残高の地域別内訳をみても、アセアンの一二・三%は、アメリカ三四・六%、EU二三・九%につぎ、中国八・〇%より多く、韓国二・四%、香港二・一%、台湾一・〇%とは桁違いになっている。過去一〇年間のアセアンの日本への直接投資累計額は一五・五%で、アメリカの四一・八%、EUの二四・八%につぎ、韓国(三・五%)、台湾(四・六%)、中国(一・六%)の三カ国・地域の合計九・七%より多い。アセアンは経済統計上、これまで日本にとっての重要な貿易・投資相手であった近隣諸国・地域の韓国、台湾、香港より重要な存在になっている。

また、近年中国とほかの東アジア諸国とのあいだでは頻繁に経済問題が生じている。日本は中国漁船衝突事件を契機に二〇一〇年におきた中国の反日運動において、レア・アースを輸出制限されるなどの事実上の「経済制裁」を中国から加えられた。台湾は一六年に「二つの中国」維持派の蔡英文(一九五六―)が総統に就任して以来、中国からの観光客が激減し、韓国は一七年に高高度防衛ミサイル(THAAD＝サード)配備に関連して中国から「経済制裁」を受けた。香港は、一四年の「雨傘運動」にみられるように「民主化」を求めて本国中国と対峙している。東南アジアでも、南シナ海の島じま等の領有権をめぐって、フィリピンやベトナムはバナナなどの果物の事実上の「輸入停止」を中国から受けた。

中国からの「経済制裁」を受けた国ぐには、アセアン諸国との経済関係を強めている。日本、韓国、台湾、香港がアセアンに加盟することはないとしても、これらの国や地域が事実上加わり、中国と対峙することも考えられる。中国、韓国と歴史問題、さらに領土問題などを抱えている日本にとって、アセアンはセイフティーガードの役割を果たすことが期待される(領土問題にかんしては、台湾、香港とも絡む)。

だが、アセアン各国は、近年さかんにいわれるように親日的であり、日本とのあいだに中国や韓国のような歴史問題は存在しない、と楽観視していいのだろうか。日本はかつてアメリカ、イギリス、オランダ、フランスの植民地であった東南アジア各国・地域を「大東亜共栄圏」に組みこみ、戦場とした。東南アジアでの犠牲者が何人にのぼるのか、具体的な数字をあげることは困難であるが、たとえば、東南アジア最大の激戦地となったフィリピンでは日本兵五一万八〇〇〇の戦死者にたいして、フィリピン人犠牲者は民間人を含め一一一万といわれている。千鳥ヶ淵戦没者墓苑には「先の大戦における海外主要戦域別　戦没者数一覧図」が掲げられている。総数二四〇万人の「戦没者数は、昭和一二年七月七日以降、各主要戦域毎の軍人軍属及び一般邦人の数」で、その内訳は「フィリピン」五一万八〇〇〇、「中国本土」四六万五七〇〇、「中部太平洋」二四万七〇〇〇、「東部ニューギニア、ビスマーク・ソロモン諸島」二四万六三〇〇、「中国東北地区(旧満州)」二四万五四〇〇、「沖縄」一八万六五〇〇、「インド、ミャンマー(ビルマ)」一六万七〇〇〇、「パプア州(旧西イリアン)」五万三〇〇〇、「ロシア及び旧ソ連新独立国家(NIS)諸国(旧ソ連本土)」五万二七〇〇、「台湾」四万一九〇〇、「北朝鮮」三万四六〇〇、「インドネシア」二万五四〇〇、「樺太、千島、アリューシャン」二万四四〇〇、「硫黄島」二万一九〇〇、「タイ、マレーシア、シンガポール」二万一〇〇〇、「韓国」一万八九〇〇、「ボルネオ島」一万八〇〇〇、「ベトナム、ラオス、カンボジア(旧仏印)」一万二四〇〇、「モンゴル」一七〇〇となっている。この日本人戦没者数から戦争に巻きこまれた現地の人びとのこうむった被害の程度が、多少類推できる。

具体的な被害の状況の一端は、「BC級戦犯裁判」で明らかになった。虐殺、性暴力、拷問、強制連行・強制労働などの「通例の戦争犯罪」二二四四件の裁判で五七〇〇人が裁かれ、四四〇三人(朝鮮出身者一四八人、台湾出身者一七三人を含む)が有罪となった。日本は、戦争によって被害を受けた国ぐにに賠償を支払ったが、それは請求権を行使したインドネシア、ビルマ、フィリピン、南ベトナムの四カ国に限られ、そのほかの国ぐにには請求権を放棄するかサンフランシスコ講和条約に招待されなかったり出席しなかったりした。その後日本は、請求権を放棄した国ぐにになどにも準賠償として経済援助などをおこなったが、おもにインフラ建設や工場建設などに充てられ、日本企業が受注して経済進出の「呼び水」になった。また、賠償は国家を対象として支払われたため、個人はその対象にならず、実際に被害をこうむった人びとが償いを受けたという印象はない。

わたしは、二〇〇七年に刊行した『戦争の記憶を歩く　東南アジアのいま』(岩波書店)のなかで、東南アジア各国・地域はいずれも、中国や韓国と同様に日本による占領地・植民地支配を経験しており、教科書、博物館展示、戦争記念碑などを通して、日本占領期の過酷な時代をつぎの世代に伝えていることを明らかにした。そのような状況のなかで中国の代替をアセアンに求めることは、楽観的にすぎる。ましてや台頭する中国と比べて経済力で陰りのみえる日本にたいし、アセアン各国は経済援助をかつてほど期待しなくなっている。

アセアン各国は、日中・日韓歴史問題などを教訓にしながら、地域としての東アジアの安全と発展を模索しており、その中心的役割をアセアンに託そうとしている。地域協力機構としてのアセアンは、最終的には「政治・安全保障共同体」「経済共同体」「社会・文化共同体」の三本柱から成る「アセアン共同体」の実現をめざしている。アセアン加盟国は、それぞれの国が抱える困難な問題をアセアンに託すことによって、解決に至らないまでも紛争化しないことを期待している。アセアン加盟国だけでなく、そのほかのアジア各国も中国との良好な関係を抜きに、アジア地域の安全と発展はないと考えている。建て前を重んじる北東アジア諸国・地域と違い、東南アジア諸国は紛争を柔軟に回避する知恵をもっている。たとえば、ベトナムの教科書や博物館では一九七九年の中越戦争を「北部国境防衛闘争」などとよび、中国を敵と名指しにすることは避けてきた。

今後、「アセアン共同体」を核とした東アジア共同体も、現実味を帯びてくるかもしれない（「アセアン」は、しばしば「東南アジア」と同義語として使われるが、東南アジアは一般にアセアン加盟一〇カ国と二〇〇二年に独立した東ティモールの一一カ国からなる地理的地域であり、厳密には同義ではない。東南アジアには、一九七五年に独立し七六年にアセアンのオブザーバー、八一年に特別オブザーバーの地位を得たパプアニューギニアは含まれない)。

東南アジア各国にとっての歴史問題

日本の歴代首相の靖国神社参拝や、歴史教科書「改竄・歪曲」などを原因とする日本と中国、日本と韓国とのあいだの歴史問題は、東アジアだけでなく、世界にも知られるようになった。中国や韓国は日本とのあいだの歴史問題について、自国だけの問題ではなく、かつて「大東亜共栄圏」に組みこまれたアジア共通の問題であると繰り返し述べてきた。だが、日本の外務省は二〇一四年四月一八日発表の「ASEAN七カ国における対日世論調査」において、アセアン諸国が中国や韓国とは違う対日意識をもっていることをアピールした(外務省ホームページ[2])。

外務省は、IPSOS香港社に委託して、本年三月に、ASEAN七ヵ国(インドネシア、マレーシア、フィリピン、シンガポール、タイ、ベトナム、ミャンマー)において対日世論調査(各国において一八歳以上の識字層約三〇〇名を対象にオンライン方式で実施)を行ったところ、結果概要は以下のとおりです。

一　日本との関係については、九割以上が「友好関係にある」又は「どちらかというと友好関係にある」と回答し、また、同じく九割以上が日本を友邦として「信頼できる」又は「どちらかというと信頼できる」と回答しており、日本との関係に関し肯定的なイメージが広範に定着していることが示されました。さらに、米国、中国等一一ヵ国の中で「最も信頼できる国」として日本を選択した割合は三三％であり、一一ヵ国の中でトップでした。
二　ＡＳＥＡＮ諸国にとって現在重要なパートナーはどの国かとの質問（複数回答方式）については、アジアや欧米の主要一一ヵ国の中で日本（六五％）、中国（四八％）、米国（四七％）の順で評価されました。また、将来重要なパートナーはどの国かとの質問については、日本（六〇％）、中国（四三％）、米国（四〇％）の順で評価されました。
三　「積極的平和主義」について、ＡＳＥＡＮを含むアジア地域の平和構築に役立つと回答した者が九割を占めました。
四　日本に関するイメージについては、七ヵ国全体で、回答の多い順に「科学技術が発達した国」（八一％）、「経済力の高い国」（六二％）であり、最先端の科学技術立国、豊かな先進国といったイメージが強いことが示されました。また、同じく二位「自然の美しい国」（六二％）、三位「豊かな文化を有する国」（五九％）、四位「アニメ、ファッション、料理等新しい文化を発信する国」（四四％）との回答に見られるとおり、美しい国土や日本文化（伝統及び現代文化）に対する高い関心も示されました。日本についてもっと知りたい分野としては、「科学・技術」（五八％）の他、「日本人の生活・ものの考え方」（五六％）、「食文化」（五三％）が上位を占めました。
五　アジアの発展に対する日本の積極的役割に対する肯定的な回答は全体で九二％を占め、政府の経済・技術協力が役立っているとの肯定的な回答が八九％、日本企業の進出に対する好意的な回答は九五％でした。また、ＡＳＥＡＮ地域で日本に最も貢献してほしい領域は「経済・技術協力」「貿易・民間投資の振興」が上位を占め、日本の国際貢献の特に経済的な側面に関し高い評価と期待が示されました。

六　なお、ＡＳＥＡＮ地域においては、外務省の委託により対日世論調査を過去七回(一九七八年、八三年、八七年、九二年、九七年、二〇〇二年、二〇〇八年)実施しています。

また、アジアでインターネット広告、ソーシャルメディアなどのグローバルマーケティングを展開するアウンコンサルティング社が二〇一七年におこなった「アジア一〇カ国の親日度調査」によると、「日本という国が好きですか?」という問いにたいして、韓国が「大好き一六%、好き七一%」、中国が「二一%、六六%」、台湾が「六七%、三一%」、香港が「六九%、三〇%」という割合だったが、以下の東南アジア六カ国では、「大好き」「好き」あわせてほぼ一〇〇%の高い親日度を示した(タイ:六八%、三二%、マレーシア:六六%、三三%、シンガポール:八一%、一九%、インドネシア五六%、四四%、ベトナム七九%、二〇%、フィリピン八二%、一七%)[3]。

これらの調査結果からみても、アセアン各国が中国や韓国とは違う対日意識をもっているということは事実だろう。

だがいっぽうで、このような調査にはあらわれてこないものがあることが、シンガポールで二〇一七年二月におきた事件によって明らかになった。二月九日の英字新聞 *The Straits Times* は、山下奉文《ともゆき》中将(一八八五—一九四六)がアーサー・パーシバル中将(一八八七—一九六六)に「イエスかノーか」と降伏を迫り、イギリス軍が降伏した場所に、〇六年にオープンしたフォード工場跡博物館が、一年間の休館を経てシンガポール陥落七五周年にあたる一七年二月一五日に「昭南ギャラリー――戦争とその遺産」と博物館名をあらためてリニューアル・オープンする、と報じた。「昭南」は日本によるシンガポールの呼称であったため、すぐに「日本の占領を美化する名称だ」と猛烈な批判がおこり、博物館を所管する通信情報省は、再オープンからわずか二日後の一七日、名称を「日本の占領を生き抜いて――戦争とその遺産」に換えたとの声明を発表した。(4) リー・シェンロン首相(一九五二―、在任二〇〇四―)も公式フェイスブックで釈明した。(5)「朝日新聞 DIGITAL」二〇一七年五月六日付の特派員レポート「(@シンガポール)親日国に残る痛みの記憶」は、つぎのことばでレポートを結んでいる。(6)

シンガポール支局に赴任して一カ月。街には日本料理店があふれ、タクシーに乗れば、日の丸柄のTシャツを着た若い運転手に「日本が大好き」と声をかけられる。だが、「親日国家」の表皮を一枚めくれば、集団的な痛みの記憶が眠っている。昭南ギャラリー問題はそのことに無自覚でいることの怖さを教えてくれる重要な「事件」だったと思う。

また、二〇一七年四月一三―一七日に外交関係樹立六〇周年記念にマレーシアを訪問したナルヒト皇太子については、概ね好意的に報道されたが、中国系団体で構成される「第二次世界大戦歴史研究会」は声明文を発表し、皇太子がスピーチで日本軍の侵略による悲惨な歴史について触れなかったことに疑問を呈した。(7)

このようなできごとは、一時的なものなのか、あるいはある特定の一部の人びとの言動と無視していいものなのか、一〇年前に出版した『戦争の記憶を歩く 東南アジアのいま』とは違う「いま」があるのか、検証してみる必要を感じた。この一〇年間も、東南アジア各地の戦争遺跡や博物館を訪ね、人びととの対話を重ねながら、東南アジアの人びとが表に出して言わない対日観を探ってきた者として、あらためて東南アジアの人びとの「声」を聞こうと思った。

さらに、これらの「声」は、一九九〇年代後半に加盟国が一〇カ国になって機構の制度化がすすみ、協力関係が進展したアセアンが、東アジアの日中・日韓の歴史問題をどのようにみて対処したのか、あるいはしなかったのか、アセアンと日中韓三カ国の関係を考える重要な事例となると考えた。また、日本の経済力の低下と中国の台頭が東南アジアに及ぼす影響について具体的に知ることができる材料にもなる。八五年からの三〇年間をとおして日中韓三カ国を東南アジアからみることによって、今後の地域としての東アジアを展望してみたいと思った。

本書では、一九八五年の中曽根康弘首相(一九一八—、在任一九八二—八七)の靖国神社参拝以降の中国や韓国の反日運動を東南アジア各国がどのように伝え、どのような意見をもっていたのかを知るために、アセアン加盟一〇カ国の英字新聞を調査した。英字新聞より現地語新聞のほうが、各国の動向、人びとの「声」を把握するためには重要であるとの見方もある。だが、東南アジア各国の現地語新聞のなかには、大衆うけをねらった、充分に裏付けがとれていない記事が載ることがあり、信頼性に欠ける面がある。また、英字新聞には一流の研究者やジャーナリストなどの記事が掲載されることもあり、転載も可能になる。国際的な視野から比較・検討するためには、各国の報道の

「外向きの顔」である英字新聞を考察することでより客観的な見方ができると考えた。

歴史問題には、歴史教科書「改竄・歪曲」、「従軍慰安婦」、島じまの領有権などの問題も絡むが、本書ではおもに首相の靖国神社参拝問題がどのように報道されたかに注目した。東南アジア以外の中国や韓国などの外国メディアがどのように報道したかについては、「朝日新聞」に掲載されたものを参考にした。事実経過などは、とくにことわりがないかぎり「朝日新聞」の記事で追った。

本書では、新聞社などがおこなった世論調査の結果をしばしば引用している。世論調査は調査の仕方によってずいぶん異なった結果になるが、東南アジア各国の新聞に掲載されたものによって読者がイメージしやすいことからとりあげた。

本書で使用したアセアン一〇カ国(アセアン10)の新聞は、以下のアジア経済研究所図書館所蔵のものを利用した。利用した各新聞の年月日は表0-1のとおりである。主要なトピックとしては、「中曽根首相靖国参拝」(一九八五年)、「橋本首相靖国参拝」(一九九六年)、「小泉首相靖国参拝」(二〇〇一―二〇〇六年)、「中国反日デモ」(二〇〇五年)、「尖閣漁船衝突」(二〇一〇年)、「尖閣国有化」(二〇一二年)、「安倍首相靖国参拝」(二〇一三年)、「平和安全法制成立」(二〇一五年)をとりあげた。「特徴」は同図書館の「所蔵新聞データベース」に掲載されているものを引用した。(8)

インドネシア

The Jakarta Post 二〇〇一―一五年

特徴：インドネシア在住の外国人に最も読まれている英字紙。政治・経済・社会に関するバラン

10 の英字新聞

タイ	フィリピン	ブルネイ	ベトナム	マレーシア	ミャンマー（ビルマ）	ラオス
The Nation	*Philippine Daily Inquirer*	—	*Việt Nam News*	*New Straits Times*	*The Global New Light of Myanmar*	—
〃	〃	—	〃	〃	*The New Light of Myanmar*	—
〃	〃	—	〃	〃	〃	—
〃	〃	—	〃	〃	〃	*Vientiane Times*
〃	〃	*Borneo Bulletin*	〃	〃	〃	〃
〃	〃	〃	〃	〃	〃	〃
〃	〃	〃	〃	〃	〃	〃
〃	〃	〃	〃	〃	〃	〃
〃	〃	〃	〃	〃	〃	〃
〃	〃	〃	〃	〃	〃	〃
〃	*Manila Bulletin*	〃	〃	〃	〃	〃
〃	〃	〃	—	〃	〃	—
〃	*Bulletin Today*	—	—	〃	*The Working People's Daily*	—

スの取れた報道を特色とする。特に国際ニュースと首都圏のビジネスニュースはよくカバーされている。論調は欧米寄りでなく、国内からの視点を重んじる。平日版二四ページ。日曜版二〇ページ。

The Indonesia Times 一九八五—九六年

カンボジア

The Cambodia Daily 二〇〇一—一五年

特徴：平日五日及び週末版（土・日曜）が発行されている。英字紙だが、英文記事から翻訳したカンボジア語版が毎号八ページ折り込まれている

表0-1 閲覧したアセアン

年	月日	事件	インドネシア	カンボジア	シンガポール
2015	9月18-25日	平和安全法制成立	*The Jakarta Post*	*The Cambodia Daily*	*The Straits Times*
2013	12月25-31日	安倍首相靖国参拝	〃	〃	〃
2012	9月6-30日	尖閣国有化	〃	〃	〃
2010	9月7日-10月31日	尖閣漁船衝突	〃	〃	〃
2006	8月10-22日	小泉首相靖国参拝	〃	〃	〃
2005	10月16-24日	小泉首相靖国参拝	〃	〃	〃
2005	3月25日-5月10日	中国反日デモ	〃	〃	〃
2004	1月1-7日	小泉首相靖国参拝	〃	〃	〃
2003	1月13-20日	小泉首相靖国参拝	〃	〃	〃
2002	4月20-27日	小泉首相靖国参拝	〃	〃	〃
2001	8月10-22日	小泉首相靖国参拝	〃	〃	〃
1996	7月28日-8月4日	橋本首相靖国参拝	*The Indonesia Times*	*Cambodia Times*	〃
1985	8月10-21日	中曽根首相靖国参拝	〃	—	〃

（週末版は四ページ）。タブロイド判よりも小さいA４判で、一六―三二ページ。モットーは「報道の自由の強化及びジャーナリスト育成に献身する独立新聞」。

Cambodia Times 一九九六年

シンガポール

The Straits Times 一九八五―二〇一五年

特徴：シンガポールで最大の発行部数を誇る英字紙。日曜版は *Sunday Times*。シンガポールの主要紙をすべて傘下に収めるSPHが発行。世界の主要都市にある一六の支局から集められた多様なニュースを掲載。紙面は、世界・アジア・シンガポール国内のニュース記事、ライフスタイル・健康関連・芸能などの情報を掲載した別冊、広告特集からなる。

タイ

The Nation 一九八五―二〇一五年

特徴：タイ人発行の最初の英字紙で、国内記事に強い。鋭い政治批判を展開する。A＝本紙、B＝ビジネス、C＝ビジネス特別、D＝生活という構成で全三四ページ。金曜には週末の娯楽、レジャー情報をのせたタブロイド判別冊 "Weekend"（二四ページ）がついてくる。キャッチフレーズは「最速のビッグニュース。最良のビジネスニュース」。

フィリピン

Philippine Daily Inquirer 二〇〇二―一五年

特徴：フィリピンを代表する総合紙のひとつ。主要ニュース三六ページ、ビジネスニュース約一〇ページ、娯楽記事約六ページからなり、土曜版には各四ページの特集記事が数本追加される。日曜版は生活密着型の記事が多い。モットーは「バランスの取れたニュース、大胆な意見」。

Manila Bulletin/Bulletin Today 一九八五―二〇〇一年

ブルネイ

Borneo Bulletin 一九九六―二〇〇六年

特徴：ブルネイを代表する英字紙。一九九〇年九月に週刊から日刊に変更。紙面は国内外・東南アジア・世界のニュースを網羅している。国際ニュースは、ロイターやAP通信から配信を受けている。土曜版のWeekendでは、旅行、健康、書評などの情報も掲載している。

ベトナム

Việt Nam News 二〇〇一―一五年

特徴：政治、経済、ビジネス、社会、生活、文化をカバーする総合紙。タブロイド判で毎日二八ページ。最終四面はスポーツ面で最終面にはSportという題字がある。日曜版は"Sunday Viet Nam News"という紙名になり、社会事情や海外事情のほか、生活、旅、娯楽、読書、レストラン情報等を掲載している。

マレーシア

New Straits Times 一九八五―二〇一五年

特徴：マレーシアを代表する日刊紙。日曜版は*New Sunday Times*。シンガポールで発行される*The Straits Times*と同源。一九七〇年代にシンガポールの分離・独立によって現状に至る。マレーシア最大のメディアグループであるNew Straits Times Pressが発行。生活情報などを掲載した別冊のStreets、Travelなどもある。

ミャンマー／ビルマ

The Global New Light of Myanmar／*The New Light of Myanmar* 一九九六―二〇一五年

特徴：ミャンマー唯一の英字新聞。ビルマ語版（*Myanmar Alin*）とは内容が若干異なり、こちらは海外ニュースも豊富。*The New Light of Burma* として創刊されたが、社会主義時代に *The Working People's Daily* と紙名変更されていた。一九九三年四月から元紙名に戻る（ただし、国名表記は Myanmar に）。二〇一四年一〇月に *The Global New Light of Myanmar* と紙名変更された。タブロイド判一六ページ。

The Working People's Daily 一九八五年

ラオス

Vientiane Times 二〇〇一―一〇年

特徴：ラオス最初の全国英字紙。総合紙だが、投資関連情報に重点を置く。発行は平日五日及び週末版。タブロイド判で平均二〇ページ（週末版は一六ページ）。

第1章

靖国問題のはじまり

中曽根首相の参拝と中国・韓国の反発

はじめに

靖国神社のホームページには、神社紹介映像「靖国神社の祭りとこころ」(全編　約一七分)がある。「大きな菊のご紋のある神門」の扉が、「大太鼓の音色」とともに開くシーンからはじまる映像は、季節ごとの祭りを紹介しながら、「靖国のこころ」を後世に伝えようとしている。神社でもっとも重要な祭り、春と秋の例大祭は、天皇の「勅使のご参向を仰いでおこなわれる」。映像のいろいろな場面で写し出される「菊のご紋」からは、この神社が天皇のための神社であることがわかる。そして、春から夏、秋、冬と祭りを中心に神社の一年を紹介した後、拝殿前の掲示板の「悦んで死ねます」という「英霊が大切な人に宛てた遺書」の一部が写し出され、「靖国のサクラとなってまた会おうと誓いあった英霊たちは、サクラの花と咲いて、わたしたちをあたたかく迎えてくれるのです」というナレーションで終わっている。

この紹介映像からは、「靖国のこころ」とは尊い命を天皇に捧げることであることが伝わってくる。靖国神社は、あきらかに、ほかの日本の神社や世界各国・地域の戦争の犠牲者を悼む施設とは違う。なお、天皇自身による親拝は敗戦後数年おきに八度おこなわれたが、一九七五年一一月二一日を最後におこなわれていない。七八年一〇月一七日にA級戦犯一四人の合祀がひそかにおこなわれた(一九七九年四月一九日新聞各紙報道)ことを、昭和天皇が「不快」に思ったことが原因ともいわれている(「日本経済新聞」二〇〇六年七月二〇日、宮内庁長官、富田朝彦のメモ公開)。

日本の戦没者祭祀の問題は、日本国内にとどまらず、戦場となった海外へも波及した。戦後、遺骨収集や慰霊を担当した厚生省援護局は、一九七一年七月に「海外慰霊碑建設要領」を定めた。そこでは「一、慰霊碑は、一国又は一戦域ごとに一碑とし当該地域の中心的な地点に建設する。二、慰霊碑の建設は、国が主体となって行うのを原則とする」とされたが、日本政府が海外に建立した慰霊碑は七三年の「比島戦没者の碑」から二〇〇一年まで一四カ所にとどまり、戦友会、遺族会、宗教団体、個人などによる慰霊碑が、アジア・太平洋各地に無秩序に建立された。今日、その多くは管理する者もなく荒れ果てているが、一部は厚生労働省によって「補修」がされている。

また、中曽根首相が靖国神社に公式参拝した一九八五年ごろは、紙碑(文章による戦没者記念碑)としての「戦記もの」の出版がさかんな時期で、このことは国内外での慰霊活動の活発さを意味していた。戦場となった地域では、日本の慰霊活動や遺骨収集事業を好ましく思わない人びともおり、慰霊碑が壊されることもあったが、当時は日本の政府開発援助(ODA)がさかんで、各国政府が対日関係の悪化を恐れたことから、あまり表だった問題にはならなかった[早瀬二〇〇七、早瀬二〇〇九、早瀬二〇一六]。

敗戦後、日本の現職首相による靖国神社参拝は、常態化していたわけではなかったが、珍しいことではなかった。吉田茂(一八七八―一九六七、在任一九四六―四七、四八―五四)、岸信介(一八九六―一九八七、在任一九五七―六〇)、佐藤栄作(一九〇一―七五、在任一九六四―七二)、田中角栄(一九一八―九三、在任一九七二―七四)は春と秋の例大祭を中心に参拝した。八月一五日の「終戦記念日」に最初に参拝したのは一九七五年の三木武夫(一九〇七—八八、在任一九七四—七六)で、私人としての参拝であった。その後、七八年に福田赳夫(一九〇五—九五、在任一九七六—七八)、八〇、八一、八二年に鈴木善幸(一九一一—二〇〇四、在任一九八〇—八二)、八三、八四年に中曽根が参拝したが、私人を強調していたのが、しだいに公私の別をはっきりさせないようになっていった。

1　政教分離問題から歴史問題へ——一九八五年中曽根首相の靖国神社参拝

首相の靖国神社参拝が中国、韓国から抗議され、二国間の問題に発展したのは、一九八五年八月一五日の中曽根首相による公式参拝以降とされる。敗戦後四〇年の節目を迎え、「戦後政治の総決算」のスローガンを掲げた首相は、その一環として靖国神社公式参拝の実現をめざし、官房長官の私的諮問機関「閣僚の靖国神社参拝問題に関する懇談会」を組織した。一年間、二一回の会合を経て、八月九日に報告書を提出した。懇談会での議論の焦点は、もっぱら憲法二〇条の政教分離原則に照らして、違憲かどうかということだった。

だが、まったく国際的な動向を無視したわけではなかった。報告書の最後のほうの「六、閣僚の靖国神社公式参拝に関して配慮すべき事項」の「(五)政治的対立、国際的反応の問題」では、「靖国神社公式参拝の実施は過度の政治的対立を招き、国際的にも非難を受けかねないとの意見があった。政府は、そのような対立の解消、非難の回避に十分努めるべきだ」と指摘された(「朝日新聞」一九八五年八月一〇日)。

この報告を受けて、首相が八月一五日に公式参拝するとの方針が伝えられると、中国共産党機関紙「人民日報」は一一日付で「日本国内の公式参拝反対の動きを詳報」した。中国は、すでに一九八二年夏におこったいわゆる教科書問題のときに、「教科書問題と並んで憲法改正をめざす動きや、靖国神社の公式参拝問題」をあげて批判していた(「朝日新聞」一九八五年八月一二日)。

前日の一四日午後、中国外交部スポークスマンは、「日本軍国主義により被害を深く受けた中日両国人民を含むアジア各国人民の感情を傷つけることになろう」と、はじめて反対の意思表示をした。その日の夕方、藤波孝生官房長官は「国民や遺族の多くが、靖国神社をわが国の戦没者追悼の中心的施設であるとし、公式参拝が実施されることを強く望んでいる事情を踏まえたものだ」と説明し、国際的にはつぎのような談話を発表した(「朝日新聞」一九八五年八月一五日)。

国際関係の面では、わが国は、過去においてアジアの国々を中心とする多数の人々に多大の苦痛と損害を与えたことを深く自覚し、このようなことを二度と繰り返してはならない、との反省と決意にたって、平和国家としての道を歩んで来ているが、今般の公式参拝の実施に際しても、その姿勢にはいささかの変化もなく、戦没者の追悼とともに国際平和を深く念ずるものである旨、諸外国の理解を得るよう十分努力してまいりたい。

八月一五日、中曽根首相の公式参拝がおこなわれ、海外出張中の二人を除き、閣僚全員が参拝した。「みんなで靖国神社に参拝する国会議員の会」は、衆議院一〇二人(本人五二人、代理五〇人)、参議院七〇人（本人三二人、代理三九人）が五列縦隊で参拝した。これにたいし、韓国ではそれまで「日本の国内問題」としてほとんど報道しなかったが、政府系夕刊紙「京郷新聞」が「アジア諸国を侵略した第二次大戦を正当化する日本政府の新たな動き」であると批判した。ソ連は国営タス通信で「今後、軍国主義的傾向を強めていくことを示すもの」と表明した。シンガポールの華字紙は、戦後四〇年の特集記事とともに報道し、香港では学生十数人が日本総領事館前で「日本の侵略行為を正当化する」ものであるとの声明文を読みあげた。そのほか、「朝日新聞」ではフィリピン、アメリカ、イギリスでは一般にほとんど知られていないことを伝え、同じ紙面で八月一五日に「侵華日軍南京大屠殺遇難同胞紀念館」（南京大虐殺紀念館）がオープンし、ハルビン市にある旧関東軍七三一部隊の細菌兵器研究施設跡が正式に対外開放されたことを報じた（「朝日新聞」一九八五年八月一六日）。

その後も、中国は批判をつづけたが、政府はそれほど深刻に受けとめず、藤波官房長官が、春と秋の例大祭などにも首相が公式参拝することを示唆した（「朝日新聞」一九八五年八月二八日）。だが、中国国内では対日政策をめぐって対立がおきており、中曽根首相は日中関係を推進させようとしていた「胡耀邦さんを守らなければいけない」と思い、その後の参拝を断念した。このとき、首相、官房長官、外務大臣の三人は参拝しない、という密約があったともいわれる〔石井二〇一五、青山二〇一七〕。たしかに一九八七年一月の胡耀邦（一九一五―八九、在任一九八二―八七）の総書記解任の理由のひとつに「対日接近」があったとされ、その後中国は「愛国主義」教育に力を入れていくことになった。なお、八九年四月の胡耀邦の死が六四天安門事件の引き金になった。

翌一九八六年八月一四日、後藤田正晴官房長官はつぎの談話を発表し、そのなかで近隣諸国に配慮したことを述べ、外交ルートを通じて中国と韓国に伝達した（「朝日新聞」一九八六年八月一五日）。

靖国神社がいわゆるA級戦犯を合祀していること等もあって、昨年実施した公式参拝は、過去における我が国の行為により多大の苦痛と損害を蒙《こうむ》った近隣諸国の国民の間に、そのような我が国の行為に責任を有するA級戦犯に対して礼拝したのではないかとの批判を生み、ひいては我が国が様々な機会に表明してきた過般の戦争への反省とその上に立った平和友好への決意に対する誤解と不信さえ生まれる恐れがある。それは諸国民との友好増進を念願する我が国の国益にも、そしてまた、戦没者の究極の願いにも副《そ》う所以《ゆえん》ではない。

この談話から、中国と韓国とのあいだではとくにA級戦犯合祀が問題になったことがわかる。また、六月に中国などが「日本を守る国民会議」が編輯した高校用日本史教科書に不満を述べたことを受けて中曽根首相が「内閲本審査」合格後の教科書にたいし修正を指示していた。その背景には、七月六日におこなわれた総選挙結果があった。前回の一九八三年一二月一八日の総選挙で五一一議席中二五〇議席しか獲得できず、新自由クラブと連立を組まざるをえなかった自由民主党は、七月六日の総選挙で五一二議席中三〇〇議席を獲得し、安定した政権基盤の下で国内問題より外交を重視することができる状況があった。

中国は一九八〇年からA級戦犯の合祀問題、閣僚の靖国神社参拝を批判するようになっていた。

同年の参議院選挙で自由民主党が「公式参拝」「国家護持」を公約に掲げ、初の衆参同日選挙で大勝し、八一年に「みんなで靖国神社に参拝する国会議員の会」が結成されたことなどを、日本の軍国主義の復活と捉えていた。しかしそのいっぽうで、日本側の意向を踏まえて、A級戦犯にのみ戦争責任を問い、命令を受ける立場にあったBC級戦犯にまではその責任を問わないという方針をとっていた[青山二〇一七：一五二―一五四]。

この公式参拝にたいして、中国と韓国は「アジアを代表して」抗議、批判をおこなったが、戦場とされた東南アジアの国ぐにには、どう捉えていたのだろうか。戦後四〇年の八月一五日に参拝したこともあり、各国の新聞には第二次世界大戦にかんする広島や長崎の原爆投下、武道館での全国戦没者追悼式典での天皇の「おことば」などの記事が見えるが、「Nakasone」の見出しで参拝を報じたのは、シンガポール、マレーシア、ビルマ(一九八九年にミャンマーと改称)だけであった。それぞれロイターなどの外国通信社の記事をもとに、首相の参拝が政教分離を定めた日本国憲法に違反すること、軍国主義の復活などを理由に内外で抗議と非難がおこっていることを伝えた。いずれも独自の記事も解説もなく、一回きりの記事であった。各国の英字新聞を見るかぎり、東南アジアの国ぐにには、首相の靖国神社公式参拝にたいして表立った反応をしていない。

一九八五年当時の東南アジアは、シンガポール、フィリピン、インドネシアで長期政権がつづいていた。五九年に自治政府首相に就任したリー・クアンユー(一九二三―二〇一五)は、六三年にマレーシアの一州になり、六五年にマレーシアから追放され独立したシンガポールを首相として九〇年まで率い、二〇一五年に死ぬまで影響力を誇った。フィリピンでは、一九六五年に大統領に就任したマルコス(一九一七—八九、在任一九六五—八六)が、七二年に戒厳令を布告して(八一年解除)、「寡頭支配の打破」「新社会の建設」をスローガンに、八六年の「ピープル・パワー革命」で失脚するまで政権を維持した。インドネシアでは、六五年に軍と共産党が対立した「九・三〇事件」を契機として、スカルノ(一九〇一—七〇、在任一九四五—六七)からスハルト(一九二一—二〇〇八、在任一九六八—九八)への政権移譲がおこなわれ、スハルトは九七年のアジア通貨危機の翌年まで政権を維持した。マレーシアでは、マレー系住民と中国系住民の対立のなか七一年に二〇年計画の「新経済政策」を掲げ、八一年に首相に就任したマハティール(一九二五—、在任一九八一—二〇〇三)の下で、欧米ではなく日本や韓国をモデルとした「ルック・イースト」政策をすすめた。タイは、三二年の立憲革命以来、立憲君主制の下で四五—九二年までに一〇回ほどクーデタがおこり、軍人が首相になることもしばしばあったが、ラーマ九世(プミポン国王、一九二七—二〇一六、在位一九四六—二〇一六)が軍と政治家とのあいだを長年調停して、「タイ式民主主義」を保っていた。

これら五カ国は、一九六七年に発足したアセアンの原加盟国であり、冷戦体制下で政治基盤を強化して開発主義国家を形成した。東南アジアの特徴を語るときにしばしば「多様性のなかの統一」ということばが使われるが、多民族国家で地理的に分断され、植民地支配の影響で独立後も経済的貧困に喘ぐ各国は、権威主義的性格が強い指導者の下で経済開発を最優先させ、言論の自由など民主主義を後まわしにした(それぞれ指導者は独自の民主主義であると主張した)。そのようななか六六年にマニラにアジア開発銀行(ADB)が発足し、その歴代総裁に日本人が就任している。戦争賠償を引き継ぐかたちで七〇年代にはじまったODAは、一次資源をもつ東南アジアに重点を置いた。八〇年代には民間の直接投資も本格化した。日本にとっても開発独裁体制は「援助」しやすい環境であった。日本の企業と東南アジアの政治家とのあいだで不正行為がおこなわれたり、独裁政権延命のために使われたりしたなどと批判され、公害輸出も問題となった。

このような独裁政権では、新聞は政府の管理下にあり、自由に論説などを書くことはできなかった。また特派員を派遣する経済的余裕もないこともあり、外国にかんすることがらは外国通信社の配信記事をそのまま載せた。一九八五年の中曽根首相の靖国神社参拝についても、政教分離を定めた憲法に違反すること、軍国主義の復活などを理由に内外で抗議と非難がおこっていることなどを伝えたが、それぞれの国からみた記事はなかった。

2 冷戦の終焉と残存する枠組み——一九九六年橋本首相の靖国神社参拝

一九八六年八月一四日発表の後藤田官房長官の談話では、「公式参拝自体を否定ないし廃止しようとするものではない」と述べ、「良好な国際関係を維持しつつ、事態の改善のために最大限の努力」をすることによって、公式参拝のみち自体は残した。だが、それから一〇年間、首相の靖国神社公式参拝はおこなわれなかった。ただし、天皇が訪中した九二年一〇月の翌一一月に宮沢喜一首相(一九一九—二〇〇七、在任一九九一—九三)が私的参拝をおこなっている。また、自由民主党は七月におこなわれた参議院選挙の公約に「公式参拝」を掲げていた(「朝日新聞」二〇〇一年八月九日)。

この間、日本も中国も韓国も国内政治が安定しなかった。一九九三年七月の総選挙で自由民主党は五一一議席中二二三と大敗し政権を失った。九六年一月社会民主党と新党さきがけとの連立政権が成立して橋本龍太郎(一九三七—二〇〇六、在任一九九六—九八)が自由民主党総裁として首相に就任したものの、同年一〇月の総選挙でも五〇〇議席中二三九で、社会民主党一五、新党さきがけ二を加えて、なんとか政権を維持した。この間の九四年六月に自由民主党、日本社会党、新党さきがけ三党連立政権が成立し、村山富市日本社会党委員長(一九二四—、首相在任一九九四—九六)が内閣総理大臣に指名された。その村山首相が九五年八月一五日に「戦後五〇周年の終戦記念日にあたって」、いわゆる村山談話を発表した(1)。

先の大戦が終わりを告げてから、五〇年の歳月が流れました。今、あらためて、あの戦争によって犠牲となられた内外の多くの人々に思いを馳せるとき、万感胸に迫るものがあります。

敗戦後、日本は、あの焼け野原から、幾多の困難を乗りこえて、今日の平和と繁栄を築いてまいりました。このことは私たちの誇りであり、そのために注がれた国民の皆様一人一人の英知とたゆみない努力に、私は心から敬意の念を表わすものであります。ここに至るまで、米国をはじめ、世界の国々から寄せられた支援と協力に対し、あらためて深甚な謝意を表明いたします。また、アジア太平洋近隣諸国、米国、さらには欧州諸国との間に今日のような友好関係を築き上げるに至ったことを、心から喜びたいと思います。

平和で豊かな日本となった今日、私たちはややもすればこの平和の尊さ、有難さを忘れがちになります。私たちは過去のあやまちを二度と繰り返すことのないよう、戦争の悲惨さを若い世代に語り伝えていかなければなりません。とくに近隣諸国の人々と手を携えて、アジア太平洋地域ひいては世界の平和を確かなものとしていくためには、なによりも、これらの諸国との間に深い理解と信頼にもとづいた関係を培っていくことが不可欠と考えます。政府は、この考えにもとづき、特に近現代における日本と近隣アジア諸国との関係にかかわる歴史研究を支援し、各国との交流の飛躍的な拡大をはかるために、この二つを柱とした平和友好交流事業を展開しております。また、現在取り組んでいる戦後処理問題についても、わが国とこれらの国々との信頼関係を一層強化するため、私は、ひき続き誠実に対応してまいります。

いま、戦後五〇周年の節目に当たり、われわれが銘記すべきことは、来し方を訪ねて歴史の教訓に学び、未来を望んで、人類社会の平和と繁栄への道を誤らないことであります。

わが国は、遠くない過去の一時期、国策を誤り、戦争への道を歩んで国民を存亡の危機に陥れ、植民地支配と侵略によって、多くの国々、とりわけアジア諸国の人々に対して多大の損害と苦痛を与えました。私は、未来に誤ち無からしめんとするが故に、疑うべくもないこの歴史の事実を謙虚に受け止め、ここにあらためて痛切な反省の意を表し、心からのお詫びの気持ちを表明いたします。また、この歴史がもたらした内外すべての犠牲者に深い哀悼の念を捧げます。

敗戦の日から五〇周年を迎えた今日、わが国は、深い反省に立ち、独善的なナショナリズムを排し、責任ある国際社会の一員として国際協調を促進し、それを通じて、平和の理念と民主主義とを押し広めていかなければなりません。同時に、わが国は、唯一の被爆国としての体験を踏まえて、核兵器の究極の廃絶を目指し、核不拡散体制の強化など、国際的な軍縮を積極的に推進していくことが肝要であります。これこそ、過去に対するつぐないとなり、犠牲となられた方々の御霊を鎮めるゆえんとなると、私は信じております。

「杖るは信に如くは莫し」と申します。この記念すべき時に当たり、信義を施政の根幹とすることを内外に表明し、私の誓いの言葉といたします。

「杖《よ》るは信に如《し》くは莫し」は、『春秋左氏伝』にあることばで、「頼りとするものとしては、信義に勝るものはない」という意味である。日本の戦争責任を認め、反省の意味を示したこの村山談話をもって、「戦後」は終わり、日本がこれ以上「謝罪」する必要はないと楽観視する者もいた。

いっぽう、中国は一九八九年六月の天安門事件で、政治改革を求める学生らを武力で弾圧し、国際的に非難され孤立した。韓国は、九一年九月に北朝鮮とともに国際連合に加盟し、翌九二年八月に中国との国交を樹立したものの、北朝鮮が九三年三月に核不拡散条約から、翌九四年六月に国際原子力機関からの脱退を表明、七月には金日成主席(一九一二―九四、在任一九四八―九四)が死去するなど、不安を抱えていた。

そのようななか、一九九六年に政権に復帰した自由民主党の橋本龍太郎首相が自身の五九歳の誕生日である七月二九日に、予告なく「内閣総理大臣」と記帳して靖国神社に参拝した。誕生日だったことに加えて、いとこなど個人的関係者にたいするお参りであったことを強調した。連立政権を組んでいたのはかつて首相の参拝を批判していた社会民主党や新党さきがけであったが、二党とも事実上黙認した。

同日、核実験を実施した中国外交部は「極めて遺憾だ。靖国神社には東条英機ら軍国主義分子の頭目の亡霊が祭られている」などと声明を発表し、韓国外務部も「侵略の被害を受けた国家と国民の感情を尊重しなければならない」などと論評した。韓国では、八月二日に数十人の抗議デモがあった。また、平壌放送や香港英字紙でも批判的報道をした。「朝日新聞」の七月三〇日の社説では、「衆院の解散・総選挙などもにらみ、国内政治の思惑を優先させたのであれば、論外というべきだ」と、政権基盤の弱い橋本首相が、国内政治を重視したことのあらわれであることを示唆した（「朝日新聞」一九九六年七月二九日―八月二日）。

東南アジアの英字新聞では、シンガポールが翌日と翌々日の二日間にわたって、それぞれロイター、フランス通信の記事を掲載し、橋本首相の参拝とそれにたいする中国と韓国の批判を報じた。参拝する橋本の写真はない。同じころ、剣道愛好者としての橋本は、二度にわたって剣道着姿の写真付きで紹介された。韓国では旧朝鮮総督府の解体がはじまり、台湾では日本の右翼団体が尖閣諸島北小島に灯台を建設したことに抗議して、漁船二〇〇隻が出港を計画していた。また、ロイターが流した雅子皇太子妃が公務から姿を消したことを伝える記事を、顔写真とともにタイと同じ見出し、ほぼ同じ内容で報じた。これらの単発記事から首相の参拝との関連は感じられず、歴史問題が政治化する様子はみえなかった。

インドネシア、タイ、ブルネイ、マレーシア、ミャンマーも外国通信社の配信記事を中心に報じたが、特徴的なのはインドネシア、ブルネイ、マレーシアが韓国の抗議デモを大きな写真で報じたことであった。韓国は一九八〇年代に毎年のGDPの伸びが一〇%前後に達する高度経済成長を遂げて、新興工業経済地域(NIEs)のひとつに数えられ、八八年にはソウル・オリンピックを成功させた。さらに、九六年に日本についでアジアで二番目のOECD(経済協力開発機構)の加盟国になり、「先進国」の仲間入りをした。また、九一年には韓国国際協力団(KOICA)を設立して、対外無償協力事業をするようになった。東南アジア各国にとって身近な存在になった韓国の写真から、日本への怒りが伝えられた。

一九八五年の中曽根首相の靖国神社参拝問題は、政教分離などの憲法違反をクリアして公式参拝することが焦点であり、当初はあくまで国内問題であった。ところが、A級戦犯の合祀を問題とした中国、韓国から予想外の反発を受け、日中、日韓の歴史問題へと発展した。前述したとおり、東南アジア各国の英字新聞はロイター、フランス通信などの外国通信社の配信記事をもとに、中国や韓国の批判を伝えたが、独自の記事や解説はなかった。

一九九六年の橋本首相の記事も基本的には同じであったが、韓国の抗議を写真付きで伝えたことで、植民地支配や日本軍による占領を経験したことのある多くの東南アジアの人びとのなかには、韓国の抗議に思いを寄せる人びとがいたとしても不思議ではない。しかし、この段階では、東南アジア各国の政府、人びとは、自らになんらかの関係のある歴史問題ととらえてはいなかった。

だが、一九八五年と九六年とでは、東南アジア社会に大きな変化があった。四五年から四四年間つづいた冷戦が八九年に終わり、「民主主義と市場経済」がグローバルに展開することになった。フィリピンでは、八六年にマルコス政権が崩壊した。かつてアメリカの植民地であり、四六年の独立後もアメリカ軍基地を抱え、アメリカの影響力の強いフィリピンでは、アメリカが主導するグローバル社会に対応する人材が都市部を中心に育っていた。「中間層」とよばれたそれらの人びとは、大学教育を受けた下級役人、ホワイトカラー、企業の中間管理職、教師、弁護士、会計士、医師など比較的所得の高い人びとからなり、軍政や権威主義的独裁体制を批判した。それが「ピープル・パワー革命」となって、民主化へと向かっていった。

タイでも、一九九一年のクーデタ後に成立した軍政に批判的な都市中間層、学生などが、翌九二年五月に民主化を求めて大規模なデモをおこない、それにたいして軍が弾圧して四〇人の死者が出る「血の民主化事件(暗黒の五月事件)」がおこった。また、中間層が形成されていないビルマでも八八年に民主化運動が発生したが弾圧された。インドネシアでは、九七年のアジア通貨危機後の社会不安を沈静化できず、九八年にスハルトが退陣した。シンガポールとマレーシアは一党独裁体制を維持したが、民主化の波からメディアの管理なども緩和された。また、九〇年八月にインドネシアが中国と国交回復し、一〇月にシンガポールが中国と国交樹立すると、当時のアセアン加盟国六カ国(八四年に独立したブルネイが同年に加盟)すべてが中国との関係を正常化して、交流が活発になった。

いっぽう、ベトナムなどの社会主義国にも変化があらわれた。一九八六年にベトナムは「ドイモイ政策(刷新政策)」、ラオスは「チンタナカーン・マイ政策(新思考政策)」を打ち出し、資本主義型開発に転換した。カンボジアでは、九三年に民主選挙がおこなわれ、立憲君主制となった。

民主化とグローバル化は、言論の自由にもつながった。しかし、たとえばフィリピンはジャーナリストにとって世界でもっとも危険な国のひとつに挙げられ、ジャーナリストの殺害事件が絶えない。日本にかんする東南アジア各紙の報道についても、内外の圧力からまったく自由というわけではない。

日本は、一九八九、一九九一―二〇〇〇年にODAの世界最大の援助供与国となり、一九九六年の日本の二国間援助の供与先は、インドネシア一一・八%、中国一〇・五%、タイ八・一%、インド七・一%、フィリピン五・〇%の順だった(「我が国の政府開発援助の実施状況(一九九七年度)に関する年次報告」)[2]。

第2章

二国間問題から地域問題へ

日本の経済的退潮と中国の台頭

はじめに

一九九〇年代後半は、東南アジアにとって重要な時期であった。アセアンに九五年にベトナム、九七年にラオスとミャンマー、九九年にカンボジアが加盟して一〇カ国になり、より強固な組織がめざされるようになった。また、九七年からアセアンに日本、中国、韓国の三カ国を加えたアセアン＋3、ならびに日中韓それぞれとアセアンの首脳会議が開催されるようになった。各国は、九七年のタイの通貨バーツの暴落をきっかけとしたアジア通貨危機にも、この枠組みの下で対応した。

この経済危機は、日韓関係、日中関係の改善の契機となった。一九九八年一〇月に韓国の金大中大統領（一九二五—二〇〇九、在任一九九八—二〇〇三）が訪日し、小渕恵三首相（一九三七—二〇〇〇、在任一九九八—二〇〇〇）と共同宣言を発表した。日本が植民地支配について謝罪の意を示したことで、韓国は二度と歴史問題を政治的に持ち出さないことに合意し、日本の金融、投資、技術移転などの経済支援を評価した。だが、二〇〇一年七月に歴史教科書の記述にかんする韓国の再修正要求に日本がこたえなかったり、ロシアが韓国、北朝鮮などに北方四島沖でのサンマ漁を許可したりしたことなどで、関係が悪化した。

いっぽう、金大中大統領訪日の翌一一月に訪日した中国の江沢民国家主席（一九二六—、在任一九九三—二〇〇三）との協議は難航し、「平和と発展のための友好協力パートナーシップの構築に関する日中共同宣言」に、両国首脳の署名を入れることができなかった[1]。中国側の歴史問題にたいする不信感は根強かったが、二〇〇一年には対日関係重視の姿勢を保っていた。

このようななか竹下登(一九二四―二〇〇〇、在任一九八七―八九)、小渕、橋本とつづいた経世会の自由民主党支配を打破するとして「自民党をぶっ壊す」と主張した小泉純一郎(一九四二―、在任二〇〇一―〇六)が、二〇〇一年四月に首相に就任し、当初八〇%前後という高い支持率をえた。小泉は自由民主党総裁選のときから、就任後に靖国神社を参拝すると明言していた。

1　東南アジアの地域的統合の深化と靖国問題への関心の高まり
――二〇〇一―二〇〇四年小泉首相の靖国神社参拝

①二〇〇一年八月一三日参拝

就任後初の八月一五日を迎える小泉首相にたいして、中国と韓国、野党などだけでなく、就任直後に小泉政権の「生みの親」と公言していた田中眞紀子外相までが靖国神社参拝反対の意向を示し、連立与党の公明党、保守党は慎重姿勢をとった。賛否両論で、支持率が六〇%台に落ちるなか、小泉は「熟慮」の結果として一五日を外して二〇〇一年八月一三日に参拝した。再三非公式の申し出をしていた中国、韓国は、それぞれ日本大使を中国外交部、韓国外交通商部に呼んで、つぎの申し入れ、声明文を渡して批判した。つぎに紹介する声明文は、以後、日本の首相の靖国神社参拝問題にたいするそれぞれの政府の基本となった(「朝日新聞」二〇〇一年八月一四日)。

中国政府申し入れ要旨

一、中国政府と人民は強烈な憤慨を表す。

一、日本は極東軍事裁判の判決を受け入れた。A級戦犯のまつられる靖国神社問題への対応は、過去の侵略の歴史への日本政府の態度を測る試金石だ。

一、日本側は中国に対し侵略を認め、反省とおわびを表してきた。参拝は日本政府の基本的立場に背き、歴史問題に関する中国やアジア、世界の人民の日本への信頼を再び失わせる。

一、八月一五日という敏感な日の参拝計画を放棄し、談話を発表して、侵略の歴史を認め、反省したことに留意する。ただ、参拝という実際の行動と談話の精神は矛盾する。

一、参拝は中日関係の政治的な基礎に損害を与え、中国人民とアジアの被害国人民の感情を傷つけた。両国関係の今後の健全な発展に影響を与える。

一、日本がいかにして実際の行動で(国際協調を)実行に移すかは、日本政府と各界の有識者がよく考えるべき問題であり、アジア各国人民は注視している。

韓国政府声明全文

一、わが政府は小泉首相がわれわれの度重なる憂慮表明と日本国内の多くの反発にもかかわらず、本日、近代日本の軍国主義の象徴である靖国神社に参拝したことに対し、深い遺憾を表明する。

一、小泉首相は談話を通じ、過去の植民地支配と侵略に対する反省の意を表明し、自身の靖国神社参拝について、日本のために犠牲になった人たちを追慕し、平和の誓いを新たにするためとしているが、われわれとしては、日本の首相が世界平和を破壊し、近隣国家に名状しがたい被害を及ぼした戦争犯罪者たちにまで参拝した事実に対して憂慮を表明せざるを得ない。

一、われわれは、小泉首相が近隣国家と真の善隣友好関係を構築していこうとするなら、今後、正しい歴史認識を土台に関連国家の立場と国民感情を尊重しなければならないという点をもう一度強調するものである。

参拝後、韓国ではソウル市内の繁華街での数百人の抗議集会のほか各地でデモや集会がおこなわれた。北朝鮮も非難した。中国の報道は控えめで、それにたいして中国政府批判がネットで展開された。台湾外交部も不満を表明し、香港では約三〇人のデモ行進がおこなわれた。マレーシア、シンガポールでも華人を中心に抗議活動がおこなわれ、ベトナムも憂慮を表明した。

これらにたいして、山崎拓自由民主党幹事長は八月一六―二四日に、小泉首相の親書を携え、東南アジア五カ国(インドネシア、シンガポール、タイ、ベトナム、カンボジア)を歴訪した。首相の靖国神社参拝を説明する意味もあり、「お詫び行脚」「謝罪外交」ということばで批判されもしたが、本人は公式ウエッブサイトで「東南アジア五カ国訪問を終えて」(「山崎拓の時々刻々」二〇〇一年八月二六日、第四一号)と題して、つぎのように述べている。(2)

小泉首相の靖国参拝問題についての反応は、シンガポールで「一日も早く中・韓との摩擦の解消に努めてほしい」との発言があった以外は、概して冷静なものでした。小泉首相からの親書にも、二度と世界に戦争の惨禍が起こらないよう、過去の反省に立ち国際平和のために貢献していく決意であるというメッセージが託されていました。第二次世界大戦で日本がとった軍事行動の影響は国によりさまざまですので、その違いを理解しないと判断を誤りますが、あらためて国際平和主義を貫く日本の外交姿勢への理解と支持を得られたと思います。また来年以降、同様な混乱を繰り返すことのないよう、国立墓苑構想や来日外国要人の参拝施設の建設などにつき早急に結論を出し、戦没者への国民の思いに応えると共に、アジア各国との新しい未来指向の関係構築に力をそそぐべきだと考えます。

各国首脳との会談では、経済優先で参拝問題は話題にすらほとんどならなかったことから、山崎幹事長は中国や韓国が同調しているという「アジア各国」「近隣国家」のなかに、東南アジア各国が含まれているとは感じなかった。

シンガポール

ところが、シンガポールの英字新聞 *The Straits Times* の二〇〇一年八月の記事を見ると、あきらかに一九八五年の中曽根首相、九六年の橋本首相の靖国神社参拝時とは違っていた。まず、東京支局員が連日、独自の取材をもとに記事を書いた。北京支局員の記事もあり、韓国、香港、台湾、マレーシア、ベトナム、フィリピンでの抗議の様子を伝えた。また、参拝と絡んで、歴史教科書、「従軍慰安婦」、北朝鮮、内政問題などをとりあげ、それらを総合的に把握して社説や解説を書き、靖国神社にかわる慰霊・追悼施設として千鳥ヶ淵戦没者墓苑などの解決策をあげた。特集記事では、問題の背景をわかりやすく説明した。

東南アジアの国ぐには多言語社会であるため、新聞では写真も重要なメッセージになる。小泉首相が神官に導かれた参拝時の写真の掲載は一回きりだったが、それより大きな写真で各国の激しい抗議の様子を何度も伝えた。小泉首相の参拝の写真の上段では、韓国人が小指を切って抗議する写真を掲載した。軍服を着た日本人元軍人や若い右翼団体メンバーの写真も掲載し、「かれらは近隣諸国の人びとがなぜ抗議しているのか、理解できない」と伝えた。

閣僚、国会議員の多くが靖国神社に参拝しており、「毎日新聞」の世論調査をもとに六五％の日本人が首相の靖国神社参拝を支持しており、反対は二八％にすぎないが、ほかのアジアが抗議していることを理解できる者は四五％だったと伝えた。小泉政権の支持率は八一％で、その高い支持率のなぞを理解するためか、小泉首相がプレスリーのファンで、休日は音楽を楽しんでいることなどプライベートなことを数日間に三度掲載した。

このシンガポールの英字新聞からは、日本が戦後処理をいろいろな面で充分におこなってこなかったこと、中国や韓国だけでなく東南アジア各国にも抗議に同調する動きがあること、日本人はほかのアジアの怒りを理解していないことが伝わってくる。

フィリピン

Manila Bulletin でも、八月一三日の小泉首相の靖国神社参拝前から報道され、参拝翌日、翌々日と連日、韓国での抗議の様子を写真とともに伝えた。一五日には在韓国日本大使館前で数百人、香港でも北京でも抗議行動がおこなわれたことを報じた。靖国神社は、「戦争神社」「東京神社」「靖国戦争神社」「東京戦争メモリアル」と表記された。

八月一五日が韓国で独立を祝う光復節、一七日がインドネシアの独立記念日であることから、一五日、一八日に社説でそれぞれの"National Day"を祝い、特別記事で日本からの独立や、フィリピンと日本の過去と現在の関係を説明した。一六日の記事では、韓国の金大中大統領が式典で北朝鮮との統合問題に加え、日本の戦争にたいする態度について遺憾であると述べたと伝えた。同じ紙面で、香港のセノタフ(戦没者記念碑)前で約三〇人が小泉首相の「東京神社」参拝に抗議した記事を掲載した。イギリス植民地政府が第一次世界大戦後に建てた戦没者記念碑は香港のほか、インド、シンガポール、マレーシア(数カ所)などにあり、第二次世界大戦などを加えた戦争犠牲者を追悼する場になっている[早瀬二〇一二:八〇—八一]。

一九日には、日本の自衛隊が国連平和維持軍に参加できるよう、法改正をおこなおうとしていることを報じた(一二月改正)。

二〇日には、シンガポールを訪問中の山崎拓自由民主党幹事長にたいし、リー・シェンロン副首相が、日本は歴史と向きあうことで東アジアの隣国と「普通の関係を築ける」、ドイツがヨーロッパでしたように戦争という過去を収束できる、と助言したと伝えた。シンガポールでは、五万とも一〇万ともいわれるおもに中国系の人びとが日本占領中に虐殺され、*The Straits Times* が社説で小泉は神社に「近づくな」と報じたと伝えた。

インドネシア

The Jakarta Post では、二〇〇一年八月一〇日に小泉首相が自由民主党総裁に無投票で再選された翌一一日に、かねてより宣言していた一五日の靖国神社参拝を実行することによって中国や韓国、北朝鮮との関係が悪化することが懸念されると報じた。日本国民は、読売新聞社の世論調査によると首相の参拝に賛成四〇％、反対三四％、ＮＨＫの調査で賛成三一％、反対二七％と、やや賛成のほうが多いと伝えた。その記事の下に、小泉と離婚した妻、そのあいだに生まれた三人の息子の近況を、「再選」と同じスペースで報じた。

一三日にモーニング姿の小泉首相が伝統的な作法に則って靖国神社に参拝すると、フランス通信東京およびソウル発で神官に導かれる首相の写真とともに、つぎのように報じた。中国、南北朝鮮が反発し、韓国では二〇人が小指を切って抗議した。ソウルの日本大使館前で抗議をつづけている「従軍慰安婦」とその支援者は、レイプした日本兵が祀られている靖国神社に日本の首相が参拝したと述べ、フィリピン人「慰安婦」の支援者も靖国神社に祀られている日本兵を首相が英雄のようにみなしていると不快感をあらわにした。

一六日には、タイ・バンコク発 *The Nation* 紙の記事を転載し、小泉首相の靖国神社参拝に反発しているのは、中国、韓国、マレーシアの中国系住民だけではない、かれらが黙っているのは地域最大の援助供与国である日本との関係を悪化させたくないからだ。同じく一六日に、香港の活動家が日本軍に侵略されたアジア人は団結して日本に抗議しようと呼びかけた、と報じた。

一九日には、インドネシアを代表する作家で、ノーベル文学賞の最有力候補といわれたプラムディア・アナンタ・トゥール(一九二五—二〇〇六)が、政治犯としてオランダ軍に逮捕され収容された(一九四七—四九年)流刑の島ブル島で出会った元「慰安婦」を題材とした作品を出版したことを紹介した記事を掲載した。作品では、東京で勉強させてあげると約束されて集められた少女が「慰安婦」にされ、大きな心の痛手を負ったことが描かれた。日本の占領時代は悪夢で、日本は戦後占領した国ぐにに賠償したが、かの女たちにとっては清算されない過去がつづいていると伝えた。この本は、二〇〇四年に日本でも『日本軍に棄てられた少女たち——インドネシアの慰安婦悲話』(山田道隆訳、コモンズ)として出版された。

日本で一般に使われる「終戦」ではなく、「敗戦」「降伏」ということばが使われ、読者には日本が敗戦国であることが明確にわかる。中国や韓国のように表立った反日的な言動はないが、日本に占領された国として中国や韓国と共有するものがあることがわかる。

タイ

The Nation でも、小泉首相の離婚や俳優希望の息子など個人的なことが八月一〇日にとりあげられ、一二日には靖国神社の鳥居と本殿の写真とともに小泉の靖国神社参拝の歴史的背景がわかるロイターの記事を掲載した。同じく一二日には、靖国神社に家族の同意なく祀られている韓国人戦

死者の遺族が、一一日に靖国神社に合祀から外すよう訴えたことや、歴史を歪曲していると批判されている日本の中学校の歴史教科書の採択率がわずかであったことを報じた。二万人にのぼる韓国人が、東条英機らA級戦犯と合祀されていることに、韓国人遺族はがまんならなかったと書かれている。また、一三日には軍服姿で行進する元日本兵の写真を掲載し、中国、韓国だけでなく香港も小泉に靖国神社に参拝しないよう警告したと伝えた。

これらの警告にたいして八月一五日を避けて二日早い一三日に、小泉首相が靖国神社に参拝すると、一面で韓国、中国、香港、クアラ・ルンプルで抗議がおこったことを伝え、六面と八面に激しく抗議する写真とともに関連記事を掲載した。一五日には「小泉は優先順位をわきまえていない」というタイトルの社説を掲載した。そこでは、表立って抗議したのは中国、韓国とマレーシアの中国人コミュニティだけだが、ほかの東南アジアは最大の援助供与国である日本との関係を悪化させたくないから黙っているだけで、日本の軍国主義を思いおこさせるような行為はすべきでなく、財政健全化などの難題を抱える小泉には近隣諸国の協力が必要で、まず中国、韓国、ついでアセアン各国を訪問し関係改善をすべきだと助言した。この社説は、*The Jakarta Post* に転載された。

八月一五日、一六日にも中国、韓国、香港、フィリピンでの抗議を伝え、韓国の金大中大統領は危害を加えられた者の痛みを忘れたり無視したりする者とどうやったら良い友人になれるのかと怒りを露わにし、中国は抗議しながらも経済関係を悪化させたくないことから自制していると伝えた。一八日には韓国が小泉にたいし、謝罪と靖国神社に祀られている二万一一八六人の韓国人犠牲者の分祀を求めたと報じた。

いっぽう、戦争と記憶の問題にかんする記事として、八月一六日には歴史から学ぶことを主張する芸術家の活動、一九日には日本政府が新たな追悼施設の建設の検討に入ったこと、などの記事を掲載しており、小泉首相の靖国神社参拝問題を客観的に理解しようとしていることがわかる。また、戦争中日本とタイは同盟関係にあったにもかかわらず「占領中の日本軍」という表現を使っており、「同盟」より「占領」されていたという意識があったことがうかがえる。

マレーシア

New Straits Times は、小泉首相の靖国神社参拝の翌々日の八月一五日、一〇面に「COMMENT」として Oana-Kyodo（アジア太平洋通信社機構会員の共同通信社）のナオコ・アオキが書いた記事を掲載し、近隣諸国、与野党勢力との関係など小泉首相の靖国神社参拝がもたらすさまざまな問題を紹介した。同日一九面では、日本の「毎日新聞」「朝日新聞」での論調を紹介するＡＰ通信の記事を掲載し、中国や韓国との関係はすでに教科書改竄問題で悪化していると伝えた。

翌一六日の「COMMENT」には、リー・ポーピン記者の「小泉の神社参拝が経済的変化をもたらさないことを願う」を掲載し、つぎのような指摘をした。東南アジアの多くの国ぐにには世界第二の経済大国日本が、小泉首相による改革を成功させ、東南アジアにも恩恵をもたらすことを望んでいる。その経済力とともに健全なナショナリズムをもって国際的責任を果たすことを歓迎するが、多くの東南アジアの人びとは日本が過去と向きあっているか疑問に思っている。フィリピン人や中国系の者を除いて東南アジアの国ぐにには、中国や韓国ほど日本占領期のことを根にもってはいないが、教科書歪曲などからも日本のナショナリズムが健全なものではないのではないかと疑っている。そのいっぽうで、ついこのあいだまで「日本に学べ」キャンペーンをおこなっていたシンガポールの政治家が、日本はシンガポールから情報技術を学んだほうがいいと言ったように、すでに日本の退潮に気づいていることも書かれた。
そして、一八日にフランス通信ソウル発の記事で、韓国政府はかつての日本人戦犯二五人の入国を永久に禁じたと伝えた。

ベトナム

Việt Nam News は、八月一三日に小泉首相が靖国神社に菊の花を送ったと伝え、一五日に再び参拝するかどうかを話題とした。翌一四日には、中国、韓国に加えて、フィリピンの元「従軍慰安婦」が激しく非難したと伝えた。また、一五日にはベトナム外務省のスポークスウーマンが「過去を正しく認識することは日本にとってだけでなく、近隣諸国との関係強化と発展にとってもひじょうに重要である」と述べ、日本が地域さらに世界の平和と安定、発展に寄与することを望むと表明したことを伝えた。

カンボジア

The Cambodia Daily は、八月一三日に *The New York Times* のハワード・フレンチ記者の記事を載せ、小泉政権が極右勢力の作成した中学校の歴史教科書を認め、天皇崇拝と軍国主義と密接に

結びついた靖国神社に参拝しようとしていること、それにたいして中国や韓国が非難していることを報じた。一三日に参拝したことについては翌一四日に報じ、一五日に中国と韓国が憤り、強く非難したことを*International Herald Tribune*のドン・カーク記者の記事で伝えた。そして、一六日に天皇家を象徴する菊の花の紋章を背に制服を着て敬礼する航空兵の顔を大写しした写真とともに、英語から翻訳したカンボジア語の記事が一面全部を覆った（*The Cambodia Daily*には英語記事から翻訳したカンボジア語の記事も掲載されている）。AP通信のジョセフ・コールマンの英語の記事では、一五日に閣僚五人を含む国会議員もしくはその代理人、あわせて少なくとも一二〇人が靖国神社に参拝し、天皇皇后臨席のもとで開催された無宗教の式典（全国戦没者追悼式）の影が薄くなったと伝えた。これらの記事から、靖国神社参拝は小泉首相特有の問題ではなく、日本の政治家全般のものであり、天皇臨席の行事より大きな意味をもつものだということがわかる。

ラオス

*Vientiane Times*は、八月一四—一六日に、日本の首相が一三日に靖国神社に参拝したことを、新華社通信東京発で伝えた。

＊　＊　＊

これらの東南アジアの英字新聞からわかるのは、つぎのようなことである。中国や韓国の反日運動に同調する動きがあるが、東南アジア各国にとって日本は最大の経済援助供与国、投資元国で日本との関係を悪化させたくないことから、表立った抗議はしなかった。だが、そのことをもっとも直截に伝えたタイの *The Nation* の社説を、インドネシアの *The Jakarta Post* が転載したように、各国は周辺諸国の報道を注視し、対日観を共有した。シンガポールの *The Straits Times* はアジア各地に支局を設け、日中・日韓歴史問題についても東京、北京、ソウルから直接取材した記事を送り、客観的に判断できるだけの情報を伝えた。外国通信社の記事で伝えたほかの国ぐにも、首相の靖国神社参拝だけでなく、教科書、「従軍慰安婦」、北朝鮮、内政などの問題を複合的に、そして地域の問題として理解しようとした。神妙な顔つきで神官に導かれる小泉首相の写真はどこか異次元の世界を感じさせたが、それより大きな写真で激しく抗議する韓国や中国の写真を何度も掲載し、日本に同調できないものがあることを伝えた。東南アジアを歴訪した山崎幹事長は状況を楽観視したが、それとは違う事態を、東南アジアの英字新聞から読みとることができる。

東南アジア諸国のあいだで歴史問題にかんする連携がみられるようになってきた背景には、アセアン諸国の連携の進展があった。一九九六年にジャカルタで開催された第一回アセアン非公式首脳会議で二〇二〇年までのビジョンを起草することが合意され、翌一九九七年にクアラ・ルンプルで開催された第二回アセアン非公式首脳会議で「アセアンビジョン二〇二〇」として採択された。さらに九八年一二月にハノイで開催された第六回公式首脳会議では、実現のための「ハノイ行動計画」(一九九九—二〇〇四年の六カ年計画)が採択されている。[3] また、一九九三年から二〇〇八年までの一五年間で「ASEAN自由貿易地域」(AFTA)で関税を〇—五%に削減するとした目標を、原加盟国にブルネイを加えた六カ国は予定より早く二〇〇二年にほぼ達成した。

なお、二〇〇一年の日本のODAの供与先は、インドネシア一一・五%、中国九・二%、インド七・一%、ベトナム六・二%、フィリピン四・〇%の順だった(『ODA白書 二〇〇二年版』)。(4)

②二〇〇二年四月二一日参拝

二〇〇二年四月一七日、小泉首相は記者団にたいし、四月二二、二三日の両日におこなわれる靖国神社春季例大祭の「案内状はいただいたが、欠席の通知を出させていただいた」と語った。しかし、その数日後の二一日、小泉は突然、靖国神社に参拝した。中国は、外交部に駐中国の日本大使を呼び「強い不満と断固たる反対」を申し入れた。韓国外交通商部は「深い遺憾の意」を表明し、駐韓国の日本大使を呼んだ。だが、日中国交正常化三〇周年の節目に対日協力関係を強化しようとする中国と五月末からの日本とのサッカー・ワールドカップ共同開催(五月三一日―六月三〇日)を控えた韓国は、いずれも動きづらい時期であり、抗議したが、前年のようなことはなかった。

この時期を選んだ日本の国内事情として、有事法案と選挙があった。二〇〇一年のアメリカ同時多発テロをうけて、日本でも有事法制の議論が活発になっており、〇三年六月六日に可決、成立することになる「武力攻撃事態対処関連三法」を審議していた。有事法によって国民が「お国のために」犠牲となる可能性も想定され、そのためにも、国家が感謝をささげる場としての靖国神社があることを伝える必要があった。また、衆議院と参議院それぞれ一選挙区の補欠選挙が、翌週末二八日に控えていた。

シンガポール

The Straits Times では、前年のように派手に報道することはなく、この時期の参拝について内外の要因を伝え、台湾では日本との経済関係の悪化をおそれて、批判を控えていることを報じた。

フィリピン

Philippine Daily Inquirer は、四月二二日にロイター／フランス通信北京発の「小泉戦争神社参拝、中国怒る」の見出しの記事と、神官に導かれるモーニング姿の小泉首相の写真を掲載し、北京や上海で小規模なデモがあったことを伝えた。歴史教科書問題や平和憲法にもふれ、翌二三日には韓国とのサッカー・ワールドカップ共催、日中国交正常化三〇周年記念を控え、日本は近隣諸国との関係修復に動いていたことを報じた。

インドネシア

The Jakarta Post は、四月二一日の小泉首相の靖国神社参拝について、翌日から連日事実を伝えるだけでなく、解説を加えて報じた。二二日はフランス通信の東京、北京、ソウル発の記事をもとに、中国と韓国が激しく非難する様子を伝えた。二三日は韓国で抗議する者と盾で防ごうとする警察隊がもみ合う写真とともに、フランス通信東京発の記事をもとに中国と韓国の反発にたいする日本側の対応を伝え、別に「読売新聞」の英語版 *The Daily Yomiuri* の記事を載せ、首相の靖国神社参拝の歴史を敗戦後の吉田茂首相から振り返って、日本が主張する正当性を説明した。

二四日には、北京の英字紙 *China Daily* と「朝日新聞」の記事を載せた。*China Daily* の記事は日本の歴史教科書をとりあげ、小泉首相は極右勢力と結んで平和憲法を改正しようとしていると警戒を強めるものであった。「朝日新聞」の記事は、小泉が靖国神社参拝にこだわる理由を述べ、靖国参拝は政教分離を規定した憲法に違反し、宗教とかかわりのない追悼施設の建設を早急におこなうべきだと主張するものであった。また、同二四日には、韓国で「小泉」と書いた豚を殺して、歴史を歪曲し軍国主義を復活させる小泉に抗議する様子を伝えた。

二五日と二六日の *The Jakarta Post* には、日本のODA削減、インドネシアへの融資についての記事が載り、二七—二八日に小泉首相がベトナムを訪問してホーチミン廟に詣でたことをロイターハノイ発の記事で伝えた。一年前に日本の教科書について苦言を呈したベトナム外務省は、今回は首相の靖国神社参拝や戦争のことについてなにもコメントしなかった。日本はベトナムにとって最大の援助供与国、また三番目の投資元国であり、ベトナムは日本ベトナム外交関係樹立三〇周年となる翌二〇〇三年一一月に天皇皇后の訪問を希望していた(二〇一七年に実現)。小泉首相はベトナムの後、東ティモール、オーストラリア、ニュージーランドを訪問する予定で、これらの国ぐには第二次世界大戦中に苦い経験をしていると報じた。戦争中何千人というティモール人が殺されたことから、前月日本の平和維持部隊が最初に到着したときに約二〇人のティモール人が抗議したこと、同じく前月日本の高等裁判所が、戦争中に日本軍によって拘留された一五万人が補償を求めたことにたいして却下したことを伝えた。一五万人のなかにはオーストラリア人とニュージーランド人が含まれており、これらの国ぐににとっても戦後は終わっていないと報じた。

タイ

The Nation には、小泉首相の参拝にかんする記事はみあたらない。

マレーシア

New Straits Times は、参拝翌日の二二日にロイター東京発の記事で神妙な表情の小泉首相の写真とともに、首相の談話を中心に報じ、中国と韓国が反発したと伝えた。

ブルネイ

Borneo Bulletin は、四月二二日にAP通信東京発の記事で神官に導かれる小泉首相の写真とともに靖国神社参拝を伝え、それにたいする中国と韓国の抗議を報じた。二四日には閣僚を含む九一人の国会議員と九四人の代理人が靖国神社に参拝し、これにたいしても中国と韓国が非難したと、ロイター／AP通信東京発で伝えた。

ベトナム

Việt Nam News は、参拝翌日の二二日に参拝の事実と韓国、中国が非難したことを伝えた。

カンボジア

The Cambodia Daily は、参拝翌日の一二日に一面中央に神官に導かれた神妙な面持ちの小泉首相の大きな写真を掲げ、AP通信東京発の記事で、日本とサッカー・ワールドカップを共催する韓国に加え、中国、香港での怒りを伝えた。

＊＊＊

全体として、前年の参拝の報道より少なくなったが、インドネシアの *The Jakarta Post* だけは、情報源を多様化させ、より詳細、客観的に理解しようとした。日本のODA削減など、日本の影響力の低下後を見据えてのことかもしれない。

③二〇〇三年一月一四日参拝

一月一四日午前に福田康夫官房長官が否定したにもかかわらず、午後二時すぎ、三年連続で小泉首相は靖国神社に参拝した。中国、韓国は、それぞれ駐中国の日本大使、駐韓国の日本大使を呼んで抗議した。当時、北朝鮮の核開発計画問題が重要な局面にきており、米韓日に中ロを加えての連携が必要だとされていた。同日一四日に、アメリカが「核を放棄するなら北朝鮮を支援する」という大胆な提案をおこなっただけに、日中韓の連携に懸念が生じたことが深刻な国際問題になった。北朝鮮も、中国や韓国に少し遅れるが、参拝のたびに報道していた。

小泉首相にとって毎年の参拝は既定のことで、問題は時期だけだった。韓国では二月二五日に盧武鉉大統領(一九四六—二〇〇九、在任二〇〇三—〇八)が就任する予定だった。中国では三月に開催される全国人民代表大会で胡錦濤共産党総書記(一九四二—、主席在任二〇〇三—一三)が国家主席に就任する見通しだった。政権交代期であれば反発が少ないという期待があったのであれば、むしろ逆効果であったかもしれない。韓国でも中国でも靖国問題における弱腰の対応は政権基盤を危うくする要因になることが、過去二回で経験ずみであった。二〇〇一年のときのような大規模な抗議行動はなかったものの、韓国では日本大使館前で元「従軍慰安婦」らが批判し、中国では北京郊外の盧溝橋にある中国人民抗日戦争紀念館で抗議の記者会見がおこなわれた。

また、この参拝は官房長官の私的懇談会「追悼・平和祈念のための記念碑等施設の在り方を考える懇談会」がわずか三週間ほど前の二〇〇二年一二月二四日に出した報告書を無視したものでもあった。報告書は〇一年一二月から一〇回の会議と五回の勉強会を経て提出されたものだった。海外、とくに韓国で「戦犯が合祀されていない国立墓苑」についての要望が、何度も言及されていたことを踏まえて懇談会が提案した施設は、一言で言えば、西欧諸国が活発な議論を経て国民の合意のうえでつくったものと同じく「大型の建造物ではなく、むしろ住民が気楽に散策できるような明るい公園風のスペースで、かなり大規模な集会ないし式典ができるような広場が在り、その一角に追悼・平和祈念にふさわしい何らかの施設が在ることが望ましい」というものであった[5]。韓国には、そのような施設として国立ソウル顕忠院がある。

シンガポール

The Straits Times は、当時日本ではまだあまり知られていなかった尖閣諸島の領有権をめぐる日中間の問題をとりあげ、香港のデモで旭日旗が焼かれ尖閣諸島にかんして譲歩を要求したことを報じた。

フィリピン

Philippine Daily Inquirer は、ロイターの記事を一月一五、一六日に掲載しただけだが、一六日の記事では、過去に日本が朝鮮人に日本名を強要、朝鮮語の使用を禁止し、朝鮮人女性を政府経営の戦場娼館で帝国陸軍のために性奴隷として働かせたと報じた。

インドネシア

The Jakarta Post は、一月一五日にロイター東京発で小泉首相の靖国神社参拝と、それにたいして中国、韓国が反発したことを報じた。

タイ

The Nation では、一月一五日に同じくロイター東京発の記事を載せただけだが、神官に導かれた小泉首相の神妙な表情が大写しされた印象的な写真を掲載した。また、日本と同じく王を戴くタイでは天皇に注目し、一八日には毎年恒例の歌会始が一五日におこなわれたことを紹介し、一九日

に前日に前立腺がんで摘出手術をした天皇の容体を報じた。

ブルネイ

Borneo Bulletin は、一月一五日に小泉首相の靖国神社参拝を、新たなナショナリズムのあらわれという識者の解説とともに、フランス通信東京発の記事で伝えた。

ベトナム

Việt Nam News は、一月一七日にソウルで日本の川口順子外相と韓国次期大統領盧武鉉とが会談し、小泉首相の靖国神社参拝を遺憾としながらも、未来志向を強調したと伝えた。

④二〇〇四年一月一日参拝

二〇〇四年一月一日、小泉首相は四年連続で靖国神社に参拝した。元日朝九時ごろに秘書官に連絡して、皇居での新年祝賀の儀を終えて、そのまま紋付き袴姿で昼に参拝した。中国、韓国ともにそれぞれ駐中国の臨時日本大使、駐韓国の日本大使を呼び、以前にもまして強い調子で抗議した。北朝鮮の核開発問題を協議する六者協議の再開、日韓ＦＴＡ(自由貿易協定)交渉を控え、またイラクに自衛隊本隊を送る直前だった。だが、日本国内の報道は、これ以上の深まりも継続もなかった。「朝日新聞」の社説からは、あきれとあきらめが感じられる。

シンガポール

The Straits Times からも、同じようなあきれとあきらめが感じられる。中国や韓国からの抗議はわかっていることだし、イラクへの派兵前のセンシティブな時期になぜ参拝したのか、一月二日の第一報で疑問を呈している。翌三日の第二報では抗議する元「従軍慰安婦」を大写しした写真とともに、中国、韓国、台湾、香港の抗議の様子を伝えた。

フィリピン

Philippine Daily Inquirer では、一月二日にＡＰ通信東京発の記事で神官に導かれる羽織袴の小泉首相の写真とともに参拝を報じた。戦後最大の約一〇〇〇人の隊員がイラクに派遣されることが何度も記され、日本の軍国主義化に警戒していることが読みとれる。

インドネシア

The Jakarta Post は一月二日に、小泉首相の靖国参拝と、それにたいして中国、韓国が反発したことを簡単に伝えた。六日には、小泉は選挙目当てに右翼に訴えるより、政教分離をうたった日本国憲法を尊重すべきだ、という *The Korea Herald* の記事を転載した。その記事では、韓国は独立後日本文化の流入を禁止していたが、一九九八年から順次開放し、二〇〇四年一月一日の第四次開放で日本映画が全面的に解禁されるなど、日本との文化的交流を期待していたときに靖国参拝がおこなわれたことを報じた。

タイ

*The Nation*では、一月二日にAP通信東京発の記事で神官の衣装の白と小泉首相の羽織袴の黒を際立たせた二人だけの大きな全身写真を掲載した。イラクに約一〇〇〇人の自衛隊非戦闘員を派遣しようとしている日本にたいして、どのアジア諸国も声高に抗議していないが、この時期の首相の靖国神社参拝は日本の再軍事化の一環としてみられている、と記事を結んだ。また、翌三日には二日におこなわれた新年一般参賀で日の丸を振り、バンザイをする人びとの様子を大きな写真で掲載した。一万五〇〇〇人以上が皇居長和殿のベランダに出てきた天皇皇后をはじめとする成年皇族たちとともに新年を祝った様子を伝え、最後に戦後の憲法の下、皇族には政治的な力はなく、象徴としての役割を担っていると説明した。首相の靖国神社参拝とバンザイをする国民の二枚の写真から、戦前の日本の軍国主義を彷彿とさせられたタイ人がいたとしても不思議ではない。

マレーシア

*New Straits Times*は、二日にロイター東京発の記事で、神官に導かれて羽織袴で一礼して階段を昇ろうとする首相の大きな写真とともに参拝を報じた。写真の右には、大きな菊花紋章が描かれた提灯が大写しされた。

ブルネイ

Borneo Bulletin では、一月一日にＡＰ通信東京発の記事で日本の再軍事化に警戒するアジア諸国の記事を掲載した。その翌日の二日には、羽織袴姿で神官に導かれて参拝する写真とともに、小泉首相の参拝とそれにたいする中国と韓国の抗議の様子を、ロイター東京発の記事で伝えた。三日には、ＡＰ通信ソウル発の記事で、韓国が小泉の靖国神社参拝に抗議するため日本大使を呼んだと報じた。その記事の上に、新年の参賀で皇居を訪れ日の丸を振る日本人とそれにこたえて手を振る天皇皇后の写真を掲載した。この三日間の日本にかんする記事を読むかぎり、かつて日本に占領された経験をもつアジアの人びとのなかに、日本の軍国主義復活を懸念する者がいても不思議ではない。

ベトナム

Việt Nam News では、小泉首相の参拝には触れず、イラクに自衛隊を派遣することを話題とした。

カンボジア

The Cambodia Daily は、一月六日にＡＰ通信東京発の記事で、小泉首相の靖国神社参拝と中国、韓国に加えて北朝鮮が非難したことを伝えた。

元日に参拝したことで、王制を敷くタイとブルネイで新年一般参賀の様子が報道され、天皇の根強い人気が紹介された。自衛隊のイラク派遣が話題になっていたときだけに、小泉首相の羽織袴姿は日本の右傾化、軍国主義化を想像させた。

＊＊＊

2　呼びおこされる「戦争の記憶」——二〇〇五年の中国の反日デモ

二〇〇二—〇四年の小泉首相の靖国神社参拝にかんする東南アジア各国の英字紙の報道は、〇一年のときに比べ大幅に縮小し、問題は深刻化していないようにみえる。だが、中国と韓国の反発はしだいに大きくなっていた。

韓国では、歴史教科書問題や竹島(韓国名：独島)をめぐる日本との領有権争いが深刻になっていた。歴史見直し運動をすすめていた韓国は、二〇〇五年四月検定合格の日本の歴史教科書が「歴史を歪曲している」として「自発的是正」を求めた。また、同年三月一六日には島根県議会が二月二二日を「竹島の日」とする条例を制定したが、韓国ではその制定に強く反発した(竹島は一九〇五年一月二八日に島根県に編入することが閣議決定され、同年二月二二日に島根県知事が所属所管を明らかにする告示をおこなった)。

韓国は、三月一七日、「国家安全保障会議常任委員会声明」を発表して「対日新原則」を示した。

その骨子は、つぎのとおりであった(「朝日新聞」二〇〇五年三月一八日)。

一、韓国政府は世界の普遍的方式に基づいて過去の問題を解決する
一、独島の領有権を確固として守る
一、国際社会や日本の良心的な勢力と連帯し、正しい歴史の共通認識を形成できるようにする
一、六五年の日韓条約の範囲外の問題は、被害者に対し、日本政府が解決するよう促す
一、日本はまず隣国の信頼を得ることが、国際社会で指導的な国家として尊敬される第一歩だと認識しなければならない
一、日本は東北アジアの平和と安定を実現する同伴者であるとの信念は放棄しない

それにたいして、町村信孝外相は即日、つぎのような談話を発表した(6)。

一　本日、鄭東泳《チョンドンヨン》韓国国家安全保障会議常任委員長は、「国家安全保障会議常任委員会声明」を発表した。本件声明に示された韓国国民の過去の歴史をめぐる心情については、我が国政府として重く受け止めるものである。
二　一九六五年に国交正常化を実現して以来、日韓両国の先人達は、大変な努力をして様々な困難を乗り越え、現在の良好な両国関係を築いてきた。我々は、この友好の歴史をさらに積み上げて、未来志向の友好協力関係の一層の発展のために努力する責任を担っている。特に、

本年は日韓国交正常化四〇周年であり、「日韓友情年二〇〇五」である。二〇〇二年のサッカー・ワールドカップの日韓共催で日韓が共有した成功の経験を今後も積み重ねていけるよう、両国の不断の努力が求められる。

三　我が国としては、韓国政府及び国民とともに努力して、九五年の村山談話、九八年の日韓共同宣言及び二〇〇三年の日韓共同声明を踏まえ、過去を直視し、反省すべきは反省しつつ、和解に基づいた未来志向的な日韓関係を発展させていく強い決意を持っている。日韓国交正常化四〇周年というこの重要な節目に、一層の交流と相互理解を進め、お互いの心のわだかまりを取り除き、隣人としての信頼関係の構築に最大限努力する考えである。

四　このような隣人としての信頼関係の構築を行うに際しては、我が国は、アジア諸国の人々に対して多大の損害と苦痛を与えた歴史の事実を謙虚に受け止め、韓国国民の気持ちに深い理解と共感を持って臨む必要があり、互いに忍耐と寛容を持って、隣人として助け合う精神が重要である。

五　日韓両国は、広範な分野において極めて重要な利益と課題を共有している。両国は、北東アジア地域、そして国際社会の平和、安定、繁栄のために、ともに歩みともに進むパートナーとして、北朝鮮核問題や東アジア共同体の構築といった課題にともに取り組んで行かなければならない。

・

六　日韓間の財産・請求権の問題については、国交正常化の時点において解決済みであり、その上に立って形成されてきた両国関係の歴史の歯車を戻すことは賢明と言えない。この点について、韓国の良識を確信している。その上で、朝鮮半島出身者の遺骨の調査及び返還に関する取組を含め、政府として、できる限りの協力を進めていく考えである。

七　竹島問題については、かねてより両国の間に立場の相違があるが、この問題を巡って、両国間の感情的対立を招来することは、日韓両国のためにならず、各々の周知の立場は立場として、漁業問題を含め、日韓関係全体を考え、大局的な視点から対応していく必要があると考える。

八　歴史教科書問題については、教科書の検定は、学習指導要領及び検定基準に基づき、公正かつ適切に実施されるものと考えている。

九　最後に、日韓両国民には、「進もう未来へ、一緒に世界へ」を合言葉に、お互いに自制すべきところは自制し、敬意の念を持って、両国関係発展のために努力していくことを期待したい。

そして、三月三一日、韓国国連大使が「日本の国連安全保障理事会の常任理事国入りについて、韓国政府として反対する立場を初めて明らかにし、阻止のため「努力を続ける」と述べた」(「朝日新聞」二〇〇五年四月一日)。

日本の国連安全保障理事会の常任理事国入りについては、中国でも三月下旬ごろからインターネットを通じて反対する署名運動がおこっていた。さらに問題とされている歴史教科書の編纂にかかわる委員会にアサヒビールなどの日本企業が資金援助しているという報道が三月末にされ、日本製品不買運動がはじまった。また、三月二七日に東京でおこなわれた日本とフランスの首脳会談で、小泉首相はシラク大統領(一九三二―、在任一九九五―二〇〇七)にヨーロッパ連合(EU)が対中国武器禁輸措置を解除したことにたいして、東アジア地域の安全保障の観点から反対する考えを伝えた。いっぽう、シラク大統領は日本が拒否権をもつ国連安全保障理事会常任理事国入りを支持することを表明した。そして、四月一日中川昭一経済産業相が東シナ海で民間企業にガス油田試掘権を認める方針を明らかにし、新たな火種となった。

このような背景のなか、四月二日(土)―三日(日)に中国の成都市、深圳市でおきた反日デモでは、デモ隊によって日本企業の窓ガラスが割られるなどの破壊活動がおこなわれた。九日には北京で日本大使館に投石するなど大規模なデモがおこり、一〇日には広州市で二万人、深圳市で一万人規模のデモ行進があり、日本でも大きく報道された。インターネットでの呼びかけで「自発的」におこったとされるデモを中国政府が「黙認」し、国内でデモがおこっていることを報道していないことにたいして、日本政府は一三日につぎの外務報道官談話を発表して中国を批判した。(7) 日本でも反中的な動きがおこり、一五日に中国大使公邸の正門にペンキのようなものが吹きつけられ、在大阪中国総領事館にカミソリの刃が郵送された。

中国における対日活動に関する中国外交部報道官発言について

平成一七年四月一三日

一　一〇日および一二日の二度にわたり、中国外交部報道官は、今日の日中関係の局面について、責任は中国側にないとし、責任があたかも日本側にあるかのような発言を行っている。今日の国際社会においては、理由の如何を問わず、このような暴力的な行為は一切正当化されるものではない。中国政府は、国際法上、外国人の生命・財産の安全、外国企業の合法的な活動の保障、外国公館の保護等に責任を負っている。暴力をあたかも容認するようなこのような発言は、国際社会のルールや秩序を無視するものであり、責任ある政府の態度とは言えない。わが国としては、中国に対して今回の事件について陳謝、損害賠償等を求めており、中国側がこれらに真摯に対応するよう求める。

二　先の大戦に係るわが国の立場は、これまでも様々な機会に明確に表明してきているとおりであり、わが国は、サンフランシスコ平和条約、二国間の平和条約等により、法的に戦後処理問題をきちんと解決してきている。また、九五年には村山内閣総理大臣談話を発出し、道義的な立場から、わが国としての先の大戦に係る歴史認識を明確に表明している。中国との間でも、日中共同声明、日中平和友好条約、日中共同宣言を通じ、先の大戦に係る過去の歴史に対する深い反省を表明し、中国もこれを受け入れてこの三〇年間の日中友好関係が築かれてきた。わが国のこのような立場には何ら変わりはなく、今後ともこの立場を真摯に堅持し、実践していく考えである。

三―五〔略〕

日本の抗議にもかかわらず、中国各地では翌週末の一六日(土)に上海で数万人、天津で数千人、杭州で数千人、翌一七日(日)には深圳で一万人以上のデモがおきたほか、瀋陽、寧波、長沙、厦門、東莞、珠海、香港でも数千人から数百人規模のデモがおこり、日本企業への被害が拡大した。日本政府は、一六日に外務報道官談話「一六日の上海市をはじめとする中国における群衆による対日活動について」を発表した。[8] 日本でも、在大阪総領事館にガラス瓶が投げつけられ、東京の日中学院、横浜の中国銀行に金属弾が打ち込まれ、在日中国人のあいだでも不安が広がった。

いっぽう、中国外交部の副報道局長は二〇〇五年四月一九日の記者会見で、日中外相会談を踏まえたうえで、「「謝罪表明はあった。行動を見ている」とし、今後は首相の靖国神社参拝などで、日本側が具体的な対応を示すよう求めた」。さらに、「「日本の政治指導者は、中国を含むアジアの被害国の国民感情を理解してほしい。靖国神社問題は両国の政治関係で最も困難な問題だ」と述べ、参拝中止を改めて求めた」(「朝日新聞」二〇〇五年四月二〇日)。ベトナムでも、一七日に約五〇人がハノイの日本大使館前で反日デモをおこなった(「朝日新聞」二〇〇五年四月一八日)。

ようやく中国の反日デモがおさまったのは、インドネシアのジャカルタで開催されたアジア・アフリカ会議(バンドン会議五〇周年記念)に日中両国首脳が出席、二二日に小泉首相がスピーチで過去の「反省とおわび」を表明し、翌二三日に日中首脳会談がおこなわれたことによった。小泉は会議のスピーチの冒頭、つぎのように述べた。[9]

小泉総理大臣演説

アジア・アフリカ首脳会議における小泉総理大臣スピーチ

平成一七年四月二二日

議長、

御列席の皆様、

半世紀ぶりに、アジアとアフリカの諸国が一堂に集うこの歴史的会議に出席することはこの上ない光栄であり、会議を主催頂いたインドネシア及び南アフリカの両共同議長に深甚なる謝意を表します。私は、この五〇年間我々を結びつけてきた強い絆を改めて実感し、我々が共に歩んできた道を振り返るとともに、二一世紀においてアジアとアフリカの国々が世界の人々の安寧と繁栄のために何をなすべきか率直に議論するために、この会議に出席しました。

（過去五〇年の歩み）

五〇年前、バンドンに集まったアジア・アフリカ諸国の前で、我が国は、平和国家として、国家発展に努める決意を表明しましたが、現在も、この五〇年前の志にいささかの揺るぎもありません。

我が国は、かつて植民地支配と侵略によって、多くの国々、とりわけアジア諸国の人々に対して多大の損害と苦痛を与えました。こうした歴史の事実を謙虚に受けとめ、痛切なる反省と心からのお詫びの気持ちを常に心に刻みつつ、我が国は第二次世界大戦後一貫して、経済大国になっても軍事大国にはならず、いかなる問題も、武力に依らず平和的に解決するとの立場を堅持しています。今後とも、世界の国々との信頼関係を大切にして、世界の平和と繁栄に貢献していく決意であることを、改めて表明します。

〔以下、略〕

翌二三日夜、小泉首相は胡錦濤中国国家主席とのあいだで、約五〇分にわたり日中首脳会談をおこなった。胡主席は「率直に話したい」と切り出し、日中関係において、「(一)三つの政治文書の重視、(二)歴史を鑑とし未来へ向かう、(三)台湾問題の適切な処理、(四)対話を通じた問題解決、(五)幅広い分野の交流、協力の拡大の五点が重要である」と述べた。これにたいして、小泉首相は「中国においては反日感情、日本においては嫌中感情をもつ向きも一部にあるが、責任ある指導者としては、これらに影響されることなく、日中友好の大局に基づいて関係を発展させていくべきである」。「日中関係を発展させるに当たって、貴国家主席の提起された五つの点に配慮していきたい。お互いの認識を本日の首脳会談で共有できたことを大変うれしく思う」と答えた。

また、胡主席は「(靖国神社参拝、歴史認識について言及した上で)これらについて一々討論する気はない。歴史を正しく認識し、対処する為に、反省を実際の行動にうつして欲しい。厳粛かつ慎重な態度で歴史問題を処理して欲しい」と述べたのにたいして、小泉首相は、「お互いに反発の感情があるが、過去の非をあげつらうのではなく、未来に向かって如何に友好関係を発展させるかということが大切であると理解している。歴史を鑑とし、未来の友好を考えていきたい」と答えた。(10)

その後、大規模なデモはおこらず、危惧された一九一九年の五・四運動の記念日にもなにもおこらなかった。デモの再発が懸念されていた四月二八日に中曽根元首相は、自身が靖国神社に公式参拝した翌年の一九八六年ごろ「首相、外相、官房長官は靖国神社に参拝しないという「紳士協定」

が日中両政府間にあった」という駐日本中国大使の指摘にたいして、記者会見で否定した。また、同日、次期首相有力候補の安倍晋三幹事長代理が、テレビの録画番組で「私は今でも靖国神社には参拝している。国の指導者が国のために殉じた方々のために尊崇の念を表するのは、当然の義務だと思っている」と語った。「行動を見ている」という中国側の「警告」を無視する発言であった（「朝日新聞」二〇〇五年四月二九日）。

シンガポール

この一連の中国の反日デモを、東南アジアの新聞はどのように伝えたのであろうか。シンガポールでは、日本より早く深く中国の反日の動きを伝えた。*The Straits Times* は二〇〇五年三月二九日に、二三日からオンライン上ではじまった日本の国連安全保障理事会常任理事国入り反対の署名は一週間で四〇〇万を超えたと伝え、二七日(日)のデモで横断幕に署名している写真を掲載した。反日の原因として、国連問題だけでなく、歴史教科書、一九八九年の天安門事件以来一六年間つづいたＥＵの対中国武器禁輸解除に日本が反対していること、東シナ海のガス油田開発問題などがとりあげられた。

四月一日には、「SPOTLIGHT PEOPLE」欄で、小泉首相の上半身の写真付きで「コイズミには控えめがいい」の見出しの下、日本の「クール・ビズ」キャンペーンを紹介した。その右にはヒットラーの顔写真があり、ページをめくると日本が対中国援助を二〇〇八年の北京オリンピックまでに終了するという内容の記事がある。日本は、一九七九年以降つづけてきたＯＤＡによる開発支援を、二〇〇六年に一般無償資金協力、〇七年に円借款の新規供与を終了した(11)。

四月に入って大規模なデモが中国各地で発生すると、連日写真付きで中国だけでなく、韓国のデモの様子も伝えた。とくに歴史教科書問題が、中韓共通の問題としてとりあげられた。日本の歴史教科書のどこが問題なのか、南京虐殺、「従軍慰安婦」など具体的に「事実」と「改竄・歪曲」が比較された。また、北京、東京、ソウルの見方から政府見解の違いを明らかにした。

四月第二週末に中国のデモが各地に広まると、日本の大使館・総領事館、商店、工場が襲われ、日本車がひっくり返されるなど、過激化した様子を生々しく伝えた。いっぽう、日本側は冷静であることを四月一二日に伝えたが、やがて日本でも反中の動きがあることを大きくとりあげるようになった。北京と東京の支局員が、それぞれ立場の違う人びとの意見を集め、歴史認識の相違を明らかにする特集を組んだ。しだいに日中韓三カ国の問題におさまらず、東南アジアを含む地域の問題、あるいはアメリカを含む国際問題へと発展する様相が紙上にみえ、二二日に開催されるアジア・アフリカ会議での日中首脳会談に期待する報道がおこなわれた。

日本とアセアンは、四月一三日から一五日にかけて東京の外務省内において日・アセアン包括的経済連携（AJCEP）協定交渉の第一回会合を開催し、経済的連携を強化しようとしているときで、その影響が懸念された（一一度の会合を経て二〇〇八年署名、〇八—一〇年発効）(12)。また、地域の安全保障、経済などについて、欧米の視点からの記事も掲載されるようになった。

The Straits Times は四月二三日一面トップで、小泉首相がアジア・アフリカ会議で戦争中の行為について謝罪したことを、大きな顔写真とともに伝え、シンガポール外務省が以下のように歓迎

する旨を四月二二日に発表したと報じた。

われわれは、日本がおこなった太平洋戦争中の侵略行為で被害を受けた国ぐにに謝罪したことを歓迎する。日本の首相のこのような前向きの行為は、日本とすべての国ぐにの利益になる。われわれは日本がアジアと世界にたいして重要な役割を果たすものと信じている。日本がそのような役割をさらに果たすことによって、今日の歴史問題も克服できるものと信じている。われわれはこのスピーチをきっかけに、日中韓の関係が安定していくことを願っている。このことは、地域全体の利益にもつながる。

このシンガポール外務省の発表から、日中韓の歴史問題が、アジア地域全体の問題としてとらえられていることがわかる。だが、小泉のスピーチの一部がそのまま掲載された八―九面に掲載された東京、北京、ソウルの支局員による記事のニュアンスは、それぞれ少し異なるものであった。東京の支局員は、小泉のスピーチが一九九五年の村山談話とまったく変わりなく、同じく四月二二日に与野党八〇人の国会議員が靖国神社に参拝したことを伝え、もし小泉が靖国神社に参拝するようなことがあれば、近隣諸国は謝罪と矛盾すると感じるだろうと警告した。北京の支局員は中国が求めているのは謝罪の繰り返しではなく実際の行動であると伝え、韓国の支局員もいままでと変わらない謝罪より、独島(竹島)、歴史教科書、靖国神社参拝への具体的な対応を示すことが必要であると報じた。約一〇〇人の日本人が歴史教科書検定に抗議するデモの写真と、靖国神社に集団で参拝する国会議員の写真を掲載して、日本人の意見もわかれていることを示した。その右にシンガポール外務省が日本の歴史教科書改訂は遺憾で、地域全体の利益にならないと発表したと伝えた。そして、ロイター、フランス通信の配信記事をもとに、日本製品のボイコットは中国経済にも悪影響を及ぼすと報じた。

The Straits Times は、四月二三日に対照的な表情の下で五五分間おこなわれた日中首脳会談の様子を、翌二四日の一面トップで、つぎのように伝えた。小泉首相がリラックスし対立は一時的なものと楽観視したのにたいして、胡錦濤主席は固い無表情で両国の関係悪化がアジア地域の安全保障、経済に影響すると述べ、台湾独立派への影響を懸念した。だが、小泉の「謝罪」は、中国経済へも深刻な影響を与えかねない反日運動の継続を止めるには充分だった。いっぽう東京では、はじめて約二五〇人が参加した反中デモがおこなわれ、反日暴動による被害の賠償と反日教育の中止を求めた。二〇〇八年北京オリンピックボイコットと書いたプラカードもあった。

首脳会談翌々日の二五日にも、“JAPAN HAPPY”“CHINA WARY”の見出しで、笑顔の小泉首相と無表情の胡錦濤主席という対照的な写真と記事が、東京と北京から寄せられた。東京発の記事は反日暴動がおさまる安堵感と同時に、対立にたいしてなにも決められなかったという失望感があったと報じた。いっぽう、中国発の記事は胡が日本の歴史教科書や靖国神社参拝について話を持ち出すこともできなかったと報じた。そして、このような両国の問題を先送りしただけの一時しのぎを、シンガポールの日本人小学校の児童も華人も冷静に受けとめていることを紙面で紹介した。シンガポール日本人小学校では、問題となっている教科書は使っておらず、児童は「両国とも悪い」

風刺画 1　*The Straits Times*, 30 April 2005

とインタビューに答えた。シンガポールの華人は、中国のデモはよく理解できるが、暴力的破壊行為には賛同しないと答えた。

日中首脳会談でひとまず決着がついた後の *The Straits Times* の報道は、おそらく日本のどの新聞よりわかりやすく、また長期間にわたるものであった。まず、二五日には、中国における日本製品は製造においても消費においても不可欠なものになっており、ボイコット運動は徹底されずその影響はあまりなかったと伝えた。つぎに、町村外相の中国の歴史教科書も偏っているという発言にたいして、日清戦争や天安門事件などを例に日中教科書記述の比較をおこなった。また、日本の政治家がいくら謝罪しても、過去の残虐行為にたいして本気で償う気がないので靖国神社参拝をやめないことを北京は理解しているが、ひとまず反日デモをおさえ、暴徒と化した者を処罰するなどして沈静化をはかった、と解説した。三〇日には、謝罪する小泉首相の後ろで、靖国神社に参拝する巨大な相撲取り（国会議員）が描かれた風刺画が掲載された（風刺画1）。

シンガポールで韓国やマレーシアのように中国に同調したデモがおこらなかった理由は、イグナティウス・ロウ記者が五月一日の記事で説明した。ロウは、シンガポールの日本占領を経験した祖母が繰り返し占領期の悲惨さを語り、中国などアジア圏で人気の高かった日本のテレビドラマの「おしん」を観ても主人公が日本人であったためにけっして同情しなかったことを見てきたが、未来志向の中等教育でわずか二年間歴史を学んだだけでは、反日の実感が湧かなかったと、自らの経験をもとにその理由を述べた。それでも、過去があって現在、未来があるのだから、歴史をしっかり記憶する必要がある、と結んだ。

そして、なぜ国際都市上海で運動が激化したのかを検証した、上智大学准教授ジェームズ・ファーラーの記事を五月三日に掲載し、四日と九日にそれぞれ一―二面で靖国神社と竹島(独島)の問題を東京とソウルの支局員が解説した。靖国神社には、天皇に命を捧げた者が英霊として神になり祀られていること、一九七八年にひそかにA級戦犯が祀られたことで昭和天皇はそれまでおこなっていた神社への親拝を止め、今の天皇は一度も親拝していないこと、小泉は首相になるまで靖国神社に参拝したことはなく靖国についてもよく知らないだろうこと、それにたいして中曽根首相はすべてをわかっていたので八五年の後は公式参拝しなかったこと、小泉首相がいうような平和と二度と戦争をしないことを誓うだけなら靖国神社以外でもできること、次期有力首相候補の安倍晋三も首相になれば参拝すると言っていることから解決の糸口が見えないこと、などを解説した。独島については、韓国が実効支配している様子を伝えた。

五月八日が第二次世界大戦ヨーロッパ戦線の停戦六〇周年記念にあたっていたことから、翌九日の紙面ではかつての敵味方が区別なく出席したヨーロッパの式典を報じた。ロシアでの式典には、日本も中国も韓国も出席した。中国は九月の式典に日本を招待しないだろうが、二〇〇八年の北京オリンピックまで東アジアで戦争はしないで欲しいという希望観測的な記事を掲載した。そして、ドイツが近隣諸国との和解に成功したのに、なぜ日本は失敗したのかについて、ロンドンのヨーロッパ総局の記者が解説した。日本の政治家は許しの意味を充分に理解しないままに「謝罪」を繰り返しているだけであり、長年和解のために努力してきたドイツとは違う、と結論した。

これらの記事は、小泉が首相就任前に靖国神社に参拝していたことを見落としているが、かなり客観的に書かれており、日本側は首相だけでなく政治家、国民も充分に問題の本質を理解していないことから、解決の糸口さえ見つけることが困難であることがわかる。日中、日韓のそれぞれの二国間関係の問題が、ほかの国ぐに、とくにシンガポールのような小国への影響を及ぼしはじめていることが伝わってくる。

フィリピン

フィリピンの*Philippine Daily Inquirer*も、四月になるとロイター、AP、フランス通信など外国の通信社を通じて、中国の反日運動を伝えた。四月三日には、フィリピンの「慰安婦」が正当な補償を得ることなく、つぎつぎに亡くなっていることを伝えた。一三日にはタルラク州バンバンに立つカミカゼ記念碑を紹介した。一九七〇年代になって日本兵生存者や遺族が訪れるようになり、九九年一〇月二五日に真言宗住職池口恵観がフィリピン人、アメリカ人、日本人を慰霊する墓を建てたと報じた。だが、「カミカゼ」パイロットの記念碑として掲載された写真は、四四年一〇月二〇日に最初の特攻隊が飛び立った南隣町のパンパンガ州マバラカットにある神風東飛行場平和記念碑だった。バンバンには神風特別攻撃隊の創始者で敗戦時に割腹自決した海軍中将大西瀧次郎の名を冠した平和記念碑がある。一六日には、「バタアン死の行進」の生存者の証言を掲載した。一九日は、中国の反日にかんする三つの記事の真ん中に、なぜか毎年四月に開催される山梨県笛吹市の桃源郷春祭りの最後のイベント、約一〇〇〇人の鎧武者が気勢をあげる川中島合戦を再現する写真を掲載した。

このようななか、四月一九日、天安門広場で事件がおこった。フィリピンから観光中のマドリガル一家が、朝九時から一〇時のあいだに中国のデモ隊のひとりワン何某に日本刀で刺され、父親と娘が死亡、母親が重傷を負った。日本人と間違われてのことだった。二四日の「OPINION」欄で、外務省が問題にしないのでジャーナリストが問題にする、とこの事件をとりあげた。

ところが、二六日からの三日間、フィリピンと中国との国交回復三〇周年を記念して胡錦濤主席がフィリピンを公式訪問したためか、続報はなかった。このとき中国は鉱山開発など一四件、一六億ドルの投資をすることを約束し、中国との蜜月時代が到来したと報じた。南シナ海は、パラワン沖海底油田の共同開発で「友好協力の海」になった。外交でアメリカ主導のテロとの戦いから解放されると語る者もいた。そして、胡は三日目の最後の日に、日本軍虐殺の現場となったサンティアゴ要塞がある歴史的城郭都市イントラムロスを訪ね、中国総領事ほか一一人の中国人が外交特権を無視した日本軍によって検挙、処刑されたとの説明をうけた。

インドネシア

中国での反日運動が激しくなるなか、四月一九日の *The Jakarta Post* に雑誌の編集者でインドネシア大学講師のバンタルト・バンドロが「日本は国際世論をバカにしている」と題した記事を寄稿した。記事は、東アジア地域でもっとも問題をおこしている国はどこかと問われれば、その答えは日本だろうという文章ではじまる。歴史教科書問題や領土問題で中国や韓国と外交問題をおこしている日本が、第二次世界大戦中におこなった残虐行為は、いまなお犠牲になった人びとを傷つけているが、その歴史を日本は歪曲して教えている。日本政府の右傾化は、近隣諸国の感情を逆なでし、国際的評判を落としている。日本は国連安全保障理事会常任理事国入りを望んでいるが、近隣諸国とうまくいかないような国が世界の指導的立場で国際的責任が果たせるとは思えない。アジア諸国は、日本が歴史を理解したうえで、これから世界の安全保障にどのように貢献し、経済力にみあったリーダーシップを発揮して地域の隣人から尊敬される国になるか、注意深く見張っていると述べた。

翌二〇日には、「歴史に向きあう勇気」と題した社説を掲載した。その内容は、つぎのようなものだった。中国で反日デモが激化し、日本でも反中デモがおこって危機的状況になっていることは、中国と日本だけの問題ではなく東アジア地域全体の問題である。根本から問題を解決しなければ、すぐに再燃してしまう。日本の歴史教科書について中国や韓国の人びとが怒っていることを理解することは難しいことではない。一九四二年のインドネシアの占領にかんして、インドネシア人は日本軍の到来を温かく歓迎したという日本の新しい歴史教科書を読めば、多くのインドネシア人は目を丸くして驚くだろう。東南アジアの人びとも、一九四〇年代の日本の占領を、中国や韓国よりは少しましだったがひどい経験として記憶している。

戦後日本は経済成長をとげ、地域の国ぐにには日本のODAや民間の投資の恩恵を受けた。フィリピンのアロヨ大統領（一九四七―、在任二〇〇一―一〇）のことばを借りれば、日本の円は「絶大」であったが、陰りがみえてきており、かわって中国が台頭してきている。外からみると、過去の苦い歴史的事実に、日本は向きあう能力がないように思える。過酷な日本占領を経験した者にとっては、日本は誠実に謝罪していないし、若者に歪曲した歴史事実を教えているようにみえる。アジアの国ぐにの教科書では、日本から受けた痛みを詳細に記述している。わたしたちは、日本が自分たち自身のスタンダードだけでなく、もっと普遍的なスタンダードで歴史と向きあい、日本人が平和に貢献できるよう勇気づける必要がある。この記事にたいし、五月二〇日に在インドネシア特命全権大使の飯村豊が反論したが、あまり説得的ではなかったようだ。

このようにインドネシアでは、歴史問題を日中間だけではなく、地域の問題としてとらえている。同二〇日には日本の七三一部隊が人体実験をおこない生物兵器を使用したとされる遺構を、中国がユネスコ世界遺産に登録しようとしていることや、国連事務総長のアナンがジャカルタでのアジア・アフリカ会議を利用して日中首脳が平和的に解決するよう促したと伝え、国際問題に発展していることがわかる。

小泉首相がアジア・アフリカ会議五〇周年で異例の「謝罪」をおこなったことが二三日に報道され、日中問題は沈静したかにみえたが、その後の *The Jakarta Post* を読むかぎり、解決とはほど遠いと認識していたことがわかる。シンガポールと同様に、二四日の日曜版トップでは、小泉と無表情が印象的な胡錦濤主席のツーショットの写真を掲載している。このとき、中国側が出した五つの要求を *The Jakarta Post* でも紹介した。

日中首脳会談の「概要」では、胡主席が日本にたいして要求した五点のうち二点目は、「(二)歴史を鑑とし未来へ向かう」としか書かれていないが、*The Jakarta Post* では、その後に「侵略戦争にたいする深い後悔を行動に移すべきで、中国とほかの国ぐにの人びとが不快に思うような行動はすべきではない」とつづいていた。前半は歴史教育に反映させること、後半は靖国神社への参拝をさすととれる。これらの記事から、この首脳会議の成果は一時的なもので、長つづきしないものであることは、だれの目にも明らかだった。

二五日には日中輸出入比較の表を掲げて両国にとっての互いの重要性を示し、今後の小泉首相の靖国神社参拝が鍵になるとみた。ところが、すぐさま問題がおこった。町村外相が二四日のテレビ番組で中国の歴史教科書はバランスを欠き問題だと発言した。*The Jakarta Post* は、二六日にその事実を報じ、翌二七日の社説で、この時期にこの発言はないと批判した。日本は国として成熟に欠け、なぜ過去から自由になれないのかと疑問を投げかけた。そして、ここでも日本の経済力が落ちてきていると述べ、経済力のあったかつてとは違うということを日本に考えさせようとした。同じく二七日の紙面では、無表情の胡錦濤主席と小泉とが氷の中で握手しようとしているが手がとどいていない風刺画を掲載し、東アジアの紛争は東京だけでなく、北京やソウルにも原因があると説明した(風刺画2)。それぞれの国の国内事情もあるだろうが、このアジアの大国の争いはすぐに周囲に影響を及ぼし、国際的な安全保障の深刻な結果を招くと警告した。

その後も、日中問題を理解するための記事がつづいた。二八日に掲載したアメリカのノーウィッチ大学バトラ教授の「日中関係の現在と過去」と題した記事では、中国の学校教科書では一九六二年の中印国境紛争も七九年のベトナム侵攻も書かれていない、と中国側の問題も指摘し、今回の反日暴動はやり過ぎかもしれないと解説した。五月六日には、三日に *The Straits Times* に掲載されたファーラー上智大学准教授の記事の一部を転載した。一二日には「傭兵、セックスワーカーから起業家へ」という記事で、日本とインドネシアの歴史関係をたどり、一七世紀にはオランダに雇われた傭兵、一九世紀末にはセックスワーカー（日本人売春婦「からゆきさん」）、戦争勃発前の一九四〇年には八〇〇〇人の日本人がインドネシアにいたが、多くの日本人は孤立し、地元の人びととの交流は限られていたと紹介した。つづけて、三年半の日本の占領は長い悪夢をインドネシアにもたらし悪い記憶を残したこと、小説で日本人将校の妾にされたり「従軍慰安婦」にされたりした話が描かれていること、五八年に賠償協定が結ばれ経済的結びつきが強くなり過去四〇年間文化的・教育的交流がさかんになっていること、多くの人びとが和解の精神をもって両国の関係が深まることを願っていることが書かれた。

風刺画2　*The Jakarta Post*, 27 April 2005

タイ

タイの *The Nation* では、日本と中国とのあいだにあるいくつかの問題のなかで、東シナ海のガス油田問題を三月二八、二九日と連日とりあげた。三〇日には、俳優リチャード・ギアと踊る笑顔の小泉首相の写真が大きく載り、庶民的な人柄を紹介した。いっぽう、四月五日には、小泉がアフガニスタンで平和維持軍を展開しているＮＡＴＯ（北大西洋条約機構）軍と連携すると述べ、表向き平和国家の日本が二〇〇一年以来インド洋でアメリカの後方支援をしており、イラクに第二次世界大戦後はじめて軍隊を派遣したと伝えた。また、同じ紙面で韓国が、島根県が二月二二日を「竹島の日」としたことに抗議したと報じた。

四月六日には、中国で反日運動がおこっていることと、日本で事実を歪曲した歴史教科書が検定に合格したこととをあわせて報じ、反日のもうひとつの理由は日本が国連安全保障理事会の常任理事国入りしようとしていることだと伝えた。また、同日、日本が中国にたいして、暴動で被害にあった日系百貨店などの保護を求めたと報じた。九日には、韓国が日本の教科書で竹島を日本の領土としていることに抗議し、六月に日韓首脳会議が予定されていると報じた。

このように日中、日韓の問題はこれまでもしばしばとりあげられてきた。それが尋常ではないとわかるような報道になったのは、四月一〇日に北京の日本大使館がペットボトルを投げつけられる写真を掲載し、翌一一日に北京で一万人がデモ行進する写真が一面トップに載ってからだった。連日、反日運動にたいする日本と中国の政府間の非難の応酬を掲載し、一二日には香港でも歴史教科書にたいする抗議がおこっていることを写真付きで紹介した。

同じく一二日には、日本の若者が戦争にかんして無知で、歴史から学ぼうとしないという *The Jakarta Post* の記事を転載した。タイの *The Nation* とインドネシアの *The Jakarta Post* は、一九九九年に七つのメディアが設立したアジア・ニュース・ネットワークに加盟し、記事や写真の交換をおこなっていた。二〇一七年現在、南、東南、北東アジアの二二のおもに英字日刊紙が加盟している。アセアン一〇カ国すべての一二メディアが加盟し、日本では読売新聞社発行の *The Japan News*(二〇一三年に *The Daily Yomiuri* から改名)が加盟している[13]。

四月一三日には、フランス通信上海発の記事で、中国の歴史教科書には一九五一年のチベット侵攻、五〇―五三年の朝鮮戦争、六二年の中印国境紛争、七九年の中越戦争が書かれていないことを指摘した。五月一二日には、韓国の教科書もひじょうに偏っていることを *The Korea Herald* の記事で伝えた。四月一四日には、横浜や大阪で反中事件がおこったことから、中国が在日中国人を保護するよう日本に要請したこと、中国には八つの日本人学校があり約四一七〇人の生徒が学んでいることを伝えた。そして、同じく一四日に掲載したデイビッド・マクニールとマーク・セルデンの「戦争の歴史にかんするアジアの戦い」と題した記事からは、日中韓の歴史問題の基本的背景が理解できる。東京などで過去二年間に数百人の教員が国歌斉唱に起立しなかったことなどで処罰されたことも書かれた。マクニールは「従軍慰安婦」問題に詳しいフリーのジャーナリストで、セルデンは東アジアを専門とするコーネル大学の准教授である。二六日には、天皇が二〇〇四年に教育現場での国旗・国歌強制の動きについて、「やはり、強制になるということでないことが望ましいですね」と秋の園遊会で述べたことを伝えた。

四月二〇日の「OPINION」欄に「中国と日本のためのヨーロッパからの教訓」を掲載したタイ人編集長パナー・チャンウィロートは、つぎのような意見を述べた。タイ人として日本と中国、どちらが正しいとかどちらが譲るべきとか述べることは難しい、タイ人は、あまり深く歴史のことを考えないからだろう。第二次世界大戦後うまくやってきたヨーロッパを参考にしてはどうだろうか。まずは、明後日の二二日のジャカルタでのアジア・アフリカ会議がいい機会になる。日本も中国もナショナリズムや愛国心というものを、外に向けて考えてはどうだろうか。

そのアジア・アフリカ会議での小泉首相の「謝罪」は、タイでも中国が好意的に受けとめたかのように報道されたが、四月二三日の二枚の写真は事態の理解を複雑にした。一面に大きく掲載された神妙に「謝罪文」を読みあげる小泉の写真と、六面に掲載された団体で靖国神社に参拝する日本人国会議員の写真は、中国や韓国の人びとにとって真反対のことを意味した。いっぽう、小泉はじめ日本の政治家は、謝罪と参拝はまったく別次元のことだと理解している。これら二枚の写真から、中国は矛を収める絶好の機会を小泉の「謝罪」で得ることができたものの、問題はまったく解決していないことがわかる。毎年恒例になった小泉の靖国神社参拝で問題が再燃することは必至だった。それを牽制するためか、中国は二〇年前の一九八五年に中曽根首相が八月一五日に靖国神社に公式参拝した後、首相、官房長官、外務大臣の三人は参拝しないとの密約があったことを明らかにしたと報じた。日本側は中曽根首相本人を含め、全否定した。いっぽう、小泉はインドを訪問して中国を牽制したと伝えた。

また、五月四日に元海上自衛隊統幕第五幕僚室長(政策担当)の金田秀昭が「日本の「平和」憲法改正」と題した記事を寄稿し、日本の軍事的貢献の必要性を述べた。

マレーシア

四月二日の *New Straits Times* の「OPINION」欄には、*The New York Times* のジョセフ・カーンの「中国人は日本の国連安保理常任理事国入りに反対」と題した、つぎのような内容の記事が掲載された。中国政府が陰で糸を引いて、インターネットで中国人二二〇〇万人が日本の国連安保理常任理事国入り反対の署名をした。政府は、この署名が民意を反映した結果であることを示すために二月下旬から反日ムードを煽ってきた。さらに、日中間には東シナ海の油田開発、日本の歴史教科書、アメリカと共同の台湾防衛、中国の潜水艦、日本の首相の靖国神社参拝などの基本的問題があることを紹介した。

中国で激しい反日デモがおこっているというニュースは、四月五、一〇、一一、一四、一七日に写真とともに伝え、一七日には一面トップに豚に変装させた小泉首相の写真を掲げたデモ行進の様子を掲載した。八日には、日本と韓国との関係も悪化したと伝えた。一三日には、厳重な警備の下で北京の日本人小学校の生徒が保護者と下校する写真を載せるいっぽう、中国政府が日本政府に日本在住中国人の安全を求めたと報じた。同一三日、中国人一〇〇〇人にアンケート調査をおこなった結果、九六%が日本の教科書歪曲は中国人を傷つけ侮辱するものだと回答したと報じた。いっぽう、その三日前の一〇日には、北京の日本大使館にビンを投げつけるデモ隊の写真の下に、小泉首相が大相撲の大関千代大海とのんびりとサクラを楽しんでいる様子を報じ、日本では事態があまり深刻にとらえられていないことをうかがわせた。一四日の「OPINION」欄でフランク・チンは、一九九二年にアキヒト天皇が訪中したときに、謝罪も許しを請うこともなかったと「コメント」した。また、同一四日、日本政府が東シナ海の油田・ガス開発の許可を出すと報じ、翌一五日に「OPINION」欄に中国がさらに激しく反発したという、*The New York Times* のジェームズ・ブルックの記事を掲載した。一八日のフランス通信北京発の記事では、中国外交部長李肇星が原因はいろいろあるが、根本は歴史問題ということに日本は早く気づくべきだと述べた、と伝えた。

なお、アキヒトが一九七〇年に皇太子としてマレーシアを訪問したときに「戦時中の問題には全く触れなかった」し、すでに述べた通り二〇一七年四月のナルヒト皇太子のマレーシア訪問でも戦争について触れなかった。マレーシアでは一九六九年にマレー人と華人の衝突事件があり、イギリスの民族分断政策を引きついだ日本軍政下の民族対立を思い起こさせるような「おことば」は、マレーシア政府にとって好ましいことではないと判断して、戦争のことには触れないことになったのだろう[佐藤二〇〇七：五六、六一―六二]。

一九日には「World」の三五面に、四つの記事を掲載した。トップは、日本占領下で二〇万人いたといわれる「慰安婦」のひとりが、一七歳のとき毎日一〇人以上の日本兵の相手をさせられた体験を述べたものだった。つぎが、左側に中国での暴動の責任はすべて日本側にあるという「今度は中国が謝罪を求めた」と題した記事、右側に「毎日新聞」のアンケート調査で七六％の日本人が近隣諸国にたいする小泉首相の対応は充分でなく、三四％が反日デモは中国の国内要因によると回答したという記事を掲載した。そして、ボトムに掲載されたのは、ＡＰ通信ジャカルタ発の、インドネシア外務省の広報官が、原因は日本の戦争中の残虐行為にあり、日本は歴史事実に向きあうべきだと、中国側に立ったコメントをしたことを伝える記事だった。

二一日にフランク・チンがジャカルタでの小泉―胡会談に期待する「COMMENT」を載せ、二三日に小泉首相が謝罪したと報じた。しかし、これまでの首相の談話を越えるものではなく、同日八〇人の国会議員が靖国神社に参拝したと、参拝する議員の写真を大きく掲載した。また、同日「サバ死の行進を歩く」の記事を掲載した。フィリピンのバタアン半島の「死の行進」は有名であるが、ボルネオ島北部サバ州のサンダカンとラナウとのあいだでも一九四五年に一〇六九人のオーストラリア人やイギリス人が「死の行進」をさせられ、六〇周年を記念して追体験がおこなわれることを紹介した（一〇六九人の根拠は不明）［早瀬二〇一六］。

二五日の「OPINION」欄には、*Bangkok Post* に掲載されたカニンガム（金培力）の記事を、中国人警察官がデモ隊を取り締まるようになった写真とともに転載した。カニンガムは、三週にわたった週末の反日デモの原因を三つあげた。まず新聞が政府の政策に利用されていたこと、つぎに政府の暗黙の了解のもとでデモがおこなわれたこと、そして三つめは中国人警察官がデモをほとんど止めようとしなかったことである。また、なぜ一般民衆が発行されたばかりの日本の教科書をよく知っていたかについては、たとえば北京の大衆紙「新京報」が三月二五日の紙面で、「南京虐殺」など項目ごとに、新旧教科書を比較していたからで、韓国の反日運動についても詳細に報道されたと説明した。

同二五日には、小泉首相の「謝罪」でおさまったかにみえた日中関係の問題が、根本的に解決していないことを示す記事を三四面に掲載した。中国側はことばではなく、行動で示すよう要求した。具体的には首相の靖国神社参拝をやめること、教科書を歪曲しないことなどであった。いっぽう、日本側も、町村外相が中国の教科書のほうが偏った記述になっていると発言し、「読売新聞」は中国こそ歴史教育を見直すべきだと報じたと伝えた。この三四面には二枚の写真が掲載された。一枚は日本在住の中国人の反共産主義中国のデモで、もう一枚は東京の中国大使館を警備する日本の警察官であった。

ブルネイ

Borneo Bulletin は、四月四日にフランス通信東京発の記事で日本は東シナ海の天然ガス開発について中国と話しあうと報じ、五日には韓国が日本と領有権を主張しあっている島の近海で軍事演習をおこなうと伝えた。そのようななか、六日には日本が事実を歪曲した中学生用歴史教科書を認可し、七日には中国と韓国がそれに抗議したと報じ、ソウルの日本大使館前で小泉首相の写真や日の丸を焼いて抗議する様子を掲載した。

四月一〇日から連日、中国各地で大規模な反日デモが発生し、中国人の怒りが爆発している様子の写真を掲載した。そのいっぽうで、一三日にはフランス通信上海発のベンジャミン・モーガンの記事で、日本だけでなく中国、韓国の歴史教育の実情を伝え、最後にドイツとの比較をおこなった。同日、中国が日本の新しい歴史教科書を撃ち落とそうとしている風刺画も掲載した（風刺画3）。一五日には、フランス通信シンガポール発のカール・マラクナスの記事で、中国や韓国・北朝鮮の人びとが戦争中のことで日本に強い憤りを感じるのにたいして、東南アジアの人びとが反日に同調しない理由をまとめた。東南アジアの人びとは日本占領期の日本人の行為を忘れたわけではないが、中国や朝鮮ほど長く、ひどくはなかったことが理由のひとつで、もうひとつの理由は日本の援助と投資の影響で、日本のイメージが日本製品、広告、マンガ、映画といったものになっているからだろうと結論した。

一四日の記事では、マレーシアのジョホール・バルで反日デモがおこなわれ、日本の国連安保理常任理事国入りに反対し、教科書の認可を撤回するまで日本製品をボイコットすると伝えた。一八日には香港でも一万人のデモがおこなわれたと報じた。一四日以降、中国の反日デモ、教科書問題、ガス油田開発、靖国神社、日中双方それぞれの謝罪要求、南京虐殺犠牲者にたいする謝罪と賠償などを連日報じ、二〇日にはジャカルタで開催されるアジア・アフリカ会議での日中首脳会談に期待する記事を掲載した。

風刺画 3　*Borneo Bulletin*, 13 April 2005

胡錦濤主席はジャカルタを訪問する前に、ブルネイを訪問しており、二一、二二日の紙面は国王と談笑する写真など、ブルネイと中国の友好関係を示す写真と記事であふれた。

二三日には、二二日の小泉首相の謝罪を中国が歓迎したと報じたが、同日シンガポールが日本の教科書を批判し、中国でも口頭の謝罪は信用できず、文書での謝罪を要求する意見が高まっていると報じた。二四日には、日中首脳会談で日中不和が収束に向かうと期待するロイター通信ジャカルタ発の記事を掲載し、翌二五日にはマレーシアのクアラ・ルンプルで一五〇人が日本に行動をともなった真摯な謝罪をするよう求めたと報じた。二〇日に日本の国会議員が靖国神社参拝を計画している記事が載り、二三日に八〇人の国会議員と八八人の代理人が、一〇〇〇人以上の戦争犯罪人が祀られている靖国神社に参拝したと報じた(A級戦犯七人、BC級戦犯約一〇〇〇人が死刑判決)。また、小泉がジャカルタの後、インドを訪問し、中国にかわる友好国を求めたという記事を掲載した。

ベトナム

*Việt Nam News*は、日中間の対立、ジャカルタでの首脳会談による関係修復の試みを共同通信社の記事などで時折伝えたが、写真がまったくないため、中国の反日デモの様子などは充分に伝わってこない。だが、四月二九日のフランス通信/国営ベトナム通信社(VNS)シンガポール発の記事で、日中間の対立がアジアの発展に影響する恐れがあると警告した。

第二次世界大戦ヨーロッパ戦線の戦勝記念日前日の五月七日には、六日(金)にハノイで戦勝六〇周年が祝われたことを報じた。モスクワの戦い(一九四一年一〇月二日—四二年一月七日)でベトナム義勇兵がソ連兵とともにファシズムのドイツ軍と戦ったことを強調した。

カンボジア

The Cambodia Daily は、四月一一―一三日に三日連続一面で中国の反日デモを報じた。一二日にジャカルタで小泉首相が戦争中の行為について謝罪し、胡錦濤主席との日中首脳会談で「和解」した過程を、ＡＰ通信の記事などで伝えた。一三―一四日には *The New York Times* のカーンの「中国激怒――北京が反日抗議の糸を引く」を掲載し、反日デモは中国政府の戦略であったことを解説し、同じようなデモは一九九九年にセルビアのベオグラードにあった中国大使館をアメリカが空爆したときにもおこっている（アメリカは誤爆と主張）と報じた。その後の記事では、中国の歴史教科書でも歪曲したり、語られなかったりしたことがあり、中国国内の諸問題（地方崩壊、貧富の差拡大、党による土地強奪、犯罪増加など）を指摘した。

四月二六日には、ジャカルタでの日中首脳会談は失敗で、カンボジアは日本の国連常任理事国入りを支持していたが撤回し、今後は様子見すると、外務大臣が発言したと報じた。日本はカンボジアにとって最大の援助供与国であったが、近年中国の影響力が拡大しており、日本から中国に乗り換える時期にきているという意見があると報じた。二七日の「OPINION」欄では、*International Herald Tribune* のティモシー・ライバックの「日本はドイツの悔恨から学ぶべき」を掲載した。そこでは、日本は何十年も謝りつづけているが、だれも聞く耳をもたないし信じようともしない、と記された。このことは、小泉首相の謝罪にたいして駐韓国の中国大使が「行動がもっと大事」と述べた記事と、日本の国会議員一六八人が靖国神社に参拝したと報じた記事を読んだ者には、説得力があった。そして、五月九日の「OPINION」欄では、*The New York Times* の社説「アメリカは台頭する中国に注意を払う必要がある」を転載し、日本、台湾、インドを例にアジア政策の見直しを提言した。また、小泉の靖国神社参拝は、中国を挑発していると指摘した。

ラオス

Vientiane Times は、四月一九日に小泉政権にたいする抗議デモが中国でおこっており、日中関係が岐路に立っていると、*China Daily* 北京発の記事で伝えた。抗議の原因として、日本の指導者の靖国神社参拝と教科書歪曲をあげた。

ミャンマー

The New Light of Myanmar は、三月三〇日にミャンマー通信(MNA)/ロイターの記事で、日本と韓国との関係修復の試みを紹介した翌三一日に、二〇〇一年の小泉首相の靖国神社参拝以来、冷え込んでいる中国との関係を修復する提案が日本側から出されたと報じた。その翌日の四月一日にはミャンマー通信/新華社通信の記事で日本から中国への低金利借款が削減されることを報じたが、これまで多額の援助・借款がおこなわれ、中国のインフラ整備に役立ったことが記された。さらに四月七日の記事で一九九三年から二〇〇三年の一一年間、日本は中国の最大の貿易相手国で、日本から多額の直接投資がおこなわれたと報じた。

四月八日に韓国が日本の歴史教科書について激怒していることを、ミャンマー通信/新華社通信の記事で伝え、一八日には日中両国が関係修復のために努力している記事を掲載した。二二日には、日中間には古くから交流があり、一九七二年の国交回復後良好な関係がつづいたが、近年歴史問題で中国人は傷つけられ、中国を含むアジアの国ぐにが日本にたいしてひどく不快に感じるようになってきたという記事を掲載した。翌二三日には、日本を訪問しているオーストラリア首相のハワード（一九三九―、在任一九九六―二〇〇七）が靖国神社参拝を繰り返す小泉首相を批判したと報じた。五月一日には日中双方の観光による交流が重要で、六、一〇日にも関係修復にかんする記事を掲載した。

ミャンマーでは、デモなど反政府活動にかんするものが報道されないため、大規模な反日デモが中国でおこっていることを報道せずに、日中関係修復にかんする記事を掲載した。日本は中国にたいする援助供与国で最大の貿易相手国であるという記事から、日本が優位に立っている印象を受ける。

＊＊＊

二〇〇五年の中国の反日デモにかんするアセアン各国の報道は、これまでと明らかに違う。その理由は、東アジアのパワーバランスが変わり、その中心が日本から中国に移っていることが明らかになったことである。そのことが東南アジアにも大きく影響することから地域の問題として注視されるようになり、それまでの日本の援助政策や経済進出も批判の対象となった。とくにインドネシアの *The Jakarta Post* が深刻に受けとめ批判を強めたため、日本政府は反論の記事を寄稿した。カンボジアは、日本の国連安保理常任理事国入りを支持していたが、様子見に変えた。反日の原因は、日本の国連安保理常任理事国入り問題を契機としたものだったが、東シナ海のガス油田開発、台湾の防衛など歴史問題だけでなく複合化した。記事の内容も多様化し、ジャーナリストや研究者がさまざまな視点から解説したが、解決がますます難しくなってきたという見解は一致していたといってもいいだろう。なお、歴史教科書については、スタンフォード大学の共同研究で、日中韓に台湾、アメリカを加えて一二冊を比較、分析し、それぞれの問題点を指摘した[Shin & Sneider eds. 2011]。

3　日中のパワーバランスの変化——二〇〇五—二〇〇六年小泉首相の靖国神社参拝

①二〇〇五年一〇月一七日参拝

二〇〇五年九月、東京と大阪の高等裁判所で、首相の靖国神社参拝にかんして矛盾する判断が下された。二九日東京高等裁判所は「私的参拝」としたのにたいして、翌三〇日大阪高等裁判所は「違憲」とした。「違憲」判断にたいして、小泉首相は「違憲と思わぬ」と語り、細田博之官房長官は「遺憾」と述べた。それにたいして、この間首脳会談が開かれていない韓国の駐日大使は「この地域の平和や繁栄が「靖国」という問題一つで進められないのは良くないことだ」と訴え、中日友好協会副会長は「首相が靖国神社に行けば、日中のぎくしゃくした関係に、さらに傷口に塩を塗り込むようなことになる」と指摘し、小泉の靖国神社参拝を牽制した。韓国与党議長は、一〇月五日に小泉と会談したさい、六月の日韓首脳会談で大統領が求めた「靖国神社に代わる新たな戦没者追悼施設の建設などを改めて要請」した(『朝日新聞』二〇〇五年一〇月一、四—六日)。

そのようななか、一〇月一七日午前一〇時すぎ、小泉首相は靖国神社に参拝した。背広姿で拝殿で一礼し、賽銭を投じて手を合わせたあと、改めて一礼する簡略化したものだった。「私的」を強調したが、中国や韓国の反発は変わらなかった。とくに、有人宇宙船「神舟六号」の帰還した日と重なったことに、中国は憤慨した。北京の日本大使館は、「緊急・反日デモに関するご注意」と題した文章をホームページに掲載し、在留邦人にメールで配信した。いっぽう、訪米中の台湾の李登輝前総統(一九二三―、在任一九八八―二〇〇〇)は、「よかった」と語り、中国を牽制した(「朝日新聞」二〇〇五年一〇月一七日)。

中国では四月の反日デモが国際社会から批判を浴びたことから刺激的な報道は控え、韓国ではメディアの大々的な批判報道にたいして一般市民は冷ややかであまり関心がなく抗議行動もあまり見られなかった。いっぽう、自由民主党内ではベテランの影響力が低下し異論はあまり出ず、次期首相有力候補たちも批判しなかった。翌一八日、秋季例大祭中の靖国神社に「みんなで靖国神社に参拝する国会議員の会」一〇一人が参拝した。前年より二一人多かった。世論調査では、賛否真っ二つに分かれ、中韓関係の悪化を心配する者は六五%であった(「朝日新聞」二〇〇五年一〇月一八、一九日)。

小泉首相の五回目となる靖国神社参拝後、二、三日は大きく報道され、ことの深刻さが伝わってくるが、目新しい材料はなく、同じ論調が繰り返された。新たなものではないが、無宗教の国立追悼施設が話題になった。だが、韓国が要請していたことでもあり、日韓関係改善に多少プラスに影響するかもしれない程度で、二〇〇二年につづいてすぐにさたやみになった。

シンガポール

The Straits Times では、小泉首相が靖国神社に参拝する当日の一〇月一七日、中国は日本と協議する用意があるが、日本の国連安全保障理事会常任理事国入りには歴史問題があり、そのほかにも北朝鮮問題、東シナ海のエネルギー開発、戦争中の残留化学兵器、教科書などの問題があることから難しく、また、小泉は秋の例大祭のおこなわれる「今週」、再び靖国神社に参拝するだろうと、予言した。

予言通り参拝した翌一八日の記事では、小泉首相が普段着で普通の日本人と同じように靖国神社に参拝し、北京、ソウル、香港では日本大使館前などで小規模な抗議がおこなわれたと四面で報じた。八面では、ソウルの日本大使館前で日の丸を嚙んで抗議する韓国人の写真とともに、小泉の「カミカゼ」参拝には、与党の公明党からも批判があり、共同通信の世論調査で反対五三％、賛成三七％であったと伝えた。同じ面に、中国と韓国の反響が掲載された。翌一九日の紙面には、プラカードを持って抗議する日本人の写真を掲載し、少なくとも一〇一人の国会議員が例大祭にあわせて参拝したこと、日本の各新聞が批判記事を掲載したが、「右寄り」の「産経新聞」だけが参拝を支持し中国や韓国は日本の国内問題に干渉すべきではないと主張したと伝えた。また、韓国が国立追悼施設を建設するよう要請しているが、日本の首相は建設しても靖国神社にとってかわることはないと述べたと報じた。韓国、中国ともに、日本との外交関係に影響が出ていることや「朝日新聞」の世論調査の結果を報じた。日本側も、首相の参拝のたびに、おなじような抗議を中国、韓国などから受け、うんざりしているのか、町村外相が、いちいち中国の抗議に答える必要はなく、中国ともっと対等な関係が必要だと、日本のテレビ番組で述べたと報じた。

フィリピン

Philippine Daily Inquirer は、一〇月一七日の小泉首相の参拝を翌一八日にロイター東京発、写真付きの記事で伝えた。

一〇月二〇日はマッカーサー将軍(一八八〇—一九六四)のレイテ上陸六一周年記念にあたり、在フィリピン特命全権大使の山崎隆一郎が、日本の大使として初めて参列したことを報じた。外国代表として、ほかにオーストラリア、カナダ、イギリス、アメリカが参列した。

インドネシア

The Jakarta Post は、小泉首相が参拝する当日の一〇月一七日に、中国が日本の国連安保理常任理事国入り問題を解決したいとの意向を共同通信に告げたと報道した。だが、歴史問題がネックになり、小泉は秋季例大祭にあわせて靖国神社を参拝するかもしれないし、そうなると北朝鮮の核問題や東シナ海の国境線の問題とも絡んでくると報じた。

一七日に参拝すると、翌一八日に手を合わせて拝むスーツ姿の小泉首相と、ソウルの日本大使館前で抗議する韓国人の写真とを掲載し、一九、二〇日にも関連記事を載せ、二〇日は抗議する元「従軍慰安婦」の写真を掲載した。そして、二四日には社説「日本の無礼な行為」を掲載した。日本はなぜドイツから学ばないのかにはじまり、日本のこの五〇年間の経済発展と東アジア地域への貢献は認めるが、それは過去に犯した罪への代償というより、同じ地域の国ぐにとの協力関係のためであったと述べた。インドネシア人はそれほど根に持つタイプではないが、オランダの植民地支配や日本の支配は事実として認識している。小泉の靖国神社参拝は、日本の帝国主義の犠牲になったすべてのアジア人にとって心ない侮辱で、地域の繁栄と協調を損なうものである。日本の憲法にある政教分離にも違反し、日本の超国家主義と過去の罪を認めない行為は、地域の緊張を増し、人びとをますます不安にさせている。日本は、人にとっても国にとってももっとも大切な「信頼」というものを近隣諸国から得ていない、と述べた。

タイ

The Nation は、小泉首相の参拝の翌日の一〇月一八日に、ロイター東京発でスーツ姿で拝む小泉首相とその数倍の大きさの韓国の抗議デモの写真を掲載した。翌一九日にはAP通信、*China Daily* 東京発で神官に導かれて集団で靖国神社に参拝する自由民主党重鎮たちの大きな写真を掲載した。二〇日には、*The Korea Herald* 東京発の記事で日韓外交関係がストップしたこと、日本の世論は首相の靖国神社参拝について賛否二分しているが六五％以上が中国、韓国との関係悪化を心配していると伝えた。そして、二八日にジョンズ・ホプキンス大学ボローニャ・センターのクリストフ・バートラムの「日本のカミカゼ的孤立」と題した記事を掲載した。小泉首相の五度目の靖国神社参拝で中国と韓国との関係悪化はもちろんのこと、アメリカも距離を置き、元々日本に関心の

ないヨーロッパ諸国との関係も難しくなり、日本は勝手に孤立化の道を歩んでいると指摘した。

マレーシア

New Straits Times は、小泉首相の参拝の翌日、一〇月一八日に拝殿で手を合わせる小泉の写真と、その倍の大きさでソウルの日本大使館前で抗議する韓国人にスプレーで泡をかける警察官の様子を伝える写真とともに、中国と韓国の抗議を報じた。翌一九日には、日本の平和主義者が首相公邸で抗議する写真とともに、国会議員約二〇〇名が参拝したと報じた。

ブルネイ

Borneo Bulletin は、一〇月一八日靖国神社本殿の賽銭箱の前で手を合わせる小泉首相、ソウルと北京の日本大使館前で人びとが抗議する様子を伝えた計四枚の写真とともに、全面を使ってフランス通信東京発とＡＰ通信北京発の二つの記事を掲載した。

ベトナム

Việt Nam News には、小泉首相の靖国神社参拝にかんする記事はみあたらない。

カンボジア

The Cambodia Daily は、一〇月一八日に一般の日本人がするように靖国神社の賽銭箱の前で一

礼をする小泉首相の小さな写真とともに韓国や中国が非難する記事を掲載し、二〇日には抗議する韓国人元「従軍慰安婦」の写真を掲載した。

ラオス

Vientiane Times は、一〇月一八日にAP通信東京発の記事で、日本の首相が東京の戦争神社に参拝したと伝えた。小泉首相は二〇〇一年の就任以来五度目の参拝で、日本のテレビのアンケートによると四七・六％が賛成、四五・五％が反対で、与党の公明党も反対していると報じた。

＊　＊　＊

インドネシアの *The Jakarta Post* は、社説で小泉首相の靖国神社参拝はアジア人を侮辱するもので、日本が近隣諸国から信頼を得ていないと厳しく批判した。タイの *The Nation* は、中国や韓国の新聞を参照し、五度の参拝は中国、韓国だけでなく、アメリカやヨーロッパ諸国との関係も悪化させたという分析を掲載した。地域や国際社会全体の問題になってきたことが読みとれる。

②二〇〇六年八月一五日参拝

二〇〇一年四月二六日に内閣総理大臣に就任した小泉は、二期五年半の任期を全うし、〇六年九月二六日をもって退任した。退任前の八月一五日に靖国神社に参拝するのではないかという憶測が早くから内外でささやかれ、新聞紙上を賑わした。「朝日新聞」は八月三日に日中共同世論調査の結果を発表し、中国側では日本の政治家の靖国神社参拝について、「どんな条件でも反対」が五一%、「戦犯を外せば参拝してもよい」が三〇%であったと伝えた。日中関係については、日本側で六九%、中国側で四一%が「よくない」と答え、その責任は日本側で三五%が中国、一五%が日本と答えたのにたいして、中国側は九八%が日本と答えた。

退任前の小泉首相の靖国神社参拝に加えて、次期自由民主党総裁候補の参拝が話題になった。八月四日の紙面で最有力候補の安倍晋三官房長官が四月に参拝したことが明らかになった。中国や韓国が現職首相並みに問題視し、与党公明党代表も不快感を表した。同じく総裁候補の谷垣禎一財務相はあらためて参拝は控えるべきだという考えを述べ、麻生太郎外相は靖国神社を非宗教法人にして国立追悼施設にする案を打ち出した。新展開が期待されたが、かつてと同じように具体的な検討に入らず、さたやみになった。

小泉首相が、二〇〇一年の総裁選で「首相に就任したら八月一五日の戦没者慰霊祭の日に、いかなる批判があろうとも必ず参拝する」と公約したことにこだわり、八月一五日の参拝に意欲を示すなか、日本の新聞では靖国神社にかんする記事を相ついで掲載した。一〇日に、一九五九年四月にBC級戦犯が合祀される直前に、靖国神社が厚生省に公表しないよう要望したことが、「朝日新聞」が入手した内部文書から明らかになった。BC級戦犯について、つぎのように説明された(「朝日新聞」二〇〇六年八月一〇日)。

BC級戦犯をめぐっては、五二年から衆参院で戦犯釈放を求める決議が度々出され、独立回復後の五三年六月には日本弁護士連合会が「戦犯の放免勧告に関する意見書」を政府に提出。署名運動が全国に広がった。一方で、戦犯の遺族らでつくる「白菊会」が五七年秋に神社側に合祀の申し入れをし、それを機に賛否の議論が起こるなど戦犯合祀の評価は分かれていた。

その後、靖国神社は七八年一〇月一七日、当時の松平永芳宮司の決断でA級戦犯一四人を「昭和殉難者」として合祀。翌七九年四月の新聞や通信社の報道で合祀の事実が表面化した。同月末には「神社新報」がA級戦犯合祀に触れた記事の中で、BC級戦犯の合祀についても「講和条約の発効後、漸次合祀して、既に昭和四五(七〇)年に合祀を終えている」と明らかにした。

松平宮司は、元海軍軍人で戦後は陸上自衛隊に勤務していた。一九四六年一月以来七八年三月に死去するまで宮司であった筑波藤麿は、旧華族の出身であった。

同じく一〇日、「納得できぬ靖国合祀」「岸壁の妻「国に殉じたわけではない」」の見出しで、昭和天皇のいとこで元首相近衛文麿(一八九一―一九四五、在任一九三七―三九、四〇―四一)の長男、文隆の妻正子が「仏となった夫を、勝手に神様に祀られた」と、靖国神社へのわだかまりがあることを語った。正子は、浄土真宗の大谷家の出身である。敗戦時、旧満州で陸軍中尉であった文隆は、旧ソ連の捕虜となっていた。難航していた日ソ交渉が一九五六年一〇月に妥結し、釈放が決まった一〇日後に脳出血で急死した。一一年間舞鶴港の岸壁でソ連からの帰還船を待ちつづけた正子は、「文隆を合祀する靖国神社に参拝したことがない」。かわりに、「九月一八日、正子は靖国神社に近い千鳥ヶ淵戦没者墓苑で、浄土真宗本願寺派の追悼法要に出席する。追悼の対象は、世界中の全戦没者だ」。靖国神社にかわる追悼施設として候補にあがる千鳥ヶ淵戦没者墓苑も、宗教とまったくかかわりがないとはいえない。

また、「勝手に祀られた」遺族が、八月一一日、靖国神社を相手に合祀の取り消しを求める訴訟を大阪地方裁判所におこした。靖国神社を相手としたのは、二〇〇一年六月に日本軍に軍人・軍属として徴用された韓国人遺族らがおこした訴訟にたいして、〇六年五月東京地方裁判所が「国は通知しただけで、合祀は靖国神社が決めた」として請求を退けたためである（「朝日新聞」二〇〇六年八月一二日）。

そして、一〇日の「岸壁の妻」の記事の下で、一九九八年に昭和天皇の弟である三笠宮崇仁が、来日した江沢民国家主席（当時）に宮中晩餐会で「中国の人々に謝罪したい」と語りかけたことを記した中国の新刊『世界をより美しくするために』を紹介した。三笠宮は旧陸軍軍官として南京に駐在し、「日本軍の暴行を自分の目で見た」（「朝日新聞」二〇〇六年八月一〇日）。

八月一五日午前七時四五分ごろ、小泉首相が靖国神社に参拝した。「公用車で靖国神社を訪れ、「内閣総理大臣　小泉純一郎」と記帳。モーニング姿で本殿に上がり、「二拝二拍手一拝」の神道形式はとらずに一礼、玉串料の代わりに献花料三万円を私費で払った」。「いつ行っても批判する勢力がある。ならば今日は適切な日と判断した」と語った。中国と韓国が抗議し、北京、香港で数十人規模のデモがあったことを「朝日新聞」は夕刊で伝えたが、残り任期が一カ月余のこともあり、「虚脱感にさいなまれる中韓両政府」は次期首相に関心が移っていた。中国政府は抗議するいっぽう、大規模なデモに発展することを阻止した。韓国政府は「我々の関心事は元々、教科書や「慰安婦」問題で、靖国ではなかった。だが、参拝を繰り返す小泉首相と歴史見直しを掲げる盧大統領の登場で、いつの間にか最大の障害になってしまった」と、問題をこじらせ複雑化したと指摘した。ほかの国・地域では、台湾が一定の理解を示すいっぽうで、アメリカは日本の内政問題として静観し、オーストラリアは懸念、シンガポールとマレーシアは抗議し、インドネシア外相はコメントしたくないと語った、と報じた。台湾の抗議グループは、尖閣諸島に向けて出港した。

また、首相の靖国神社参拝に批判的な発言を繰り返していた自由民主党元幹事長の加藤紘一の実家が放火され全焼し、犯人が割腹自殺を図った事件がおこった。八月一五日、「みんなで靖国神社に参拝する国会議員の会」五六人が集団で参拝し、靖国神社内でおこなわれた「戦没者追悼中央国民集会（英霊にこたえる会、日本会議主催）には、自民党新人議員の有志でつくる「伝統と創造の会〔会長稲田朋美衆議院議員〕の六議員が参加した」。

なお、小泉は一九七二年の衆議院議員初当選以来、毎年のように靖国神社に参拝した。厚生大臣在職中の九七年には八月一五日に参拝した。退任後三年間、毎年八月一五日に参拝したが、二〇一〇年八月一五日には参拝しなかった。

シンガポール

The Straits Times は、二〇〇六年八月一五日の小泉首相の靖国神社参拝以前に、内外で駆け引きがあり、安倍官房長官が四月に密かに参拝していたこと、三笠宮が一九九八年に江沢民に謝罪し

ていたことなど、日本でも報じられていたことを伝えた。参拝前日の一四日には、外国通信社が配信した記事をもとに中国と韓国が日本の首相の在任中の参拝を一度だけ認めることに同意したという報道にたいして、日本政府は根も葉もないと否定したと報じた。このことは安倍首相が二〇一三年一二月に参拝した後、参拝していないことと関係してくる。

また、その同じページの上で、A級戦犯の遺灰が埋葬されている熱海の興亜観音を紹介するなど、靖国問題をより深く理解するための記事を掲載した。日本でもあまり知られていない興亜観音について説明しておこう。興亜観音は、A級戦犯のひとり、松井石根によって一九四〇年に建立された。四八年一二月二三日に処刑されたA級戦犯七人の遺灰が観音の下に埋葬されている。三八年に予備役になり、帰国した後、熱海伊豆山に移り住んだ松井は、中国の戦場から持ち帰った土を混ぜて観音をつくり、日本中国両国の戦死者の菩提を弔った。四六年に開廷した東京裁判で、松井は三七年の南京攻略戦での市民の虐殺、強姦などで戦犯に問われ、絞首刑に処せられた。その後松井、東条英機ら七人の遺灰が密かに持ち込まれ、五九年に吉田茂元首相の筆による「七士之碑」が建てられ、遺灰がその下に埋葬された。首相の靖国神社参拝でA級戦犯が合祀されていることが問題視されているが、遺灰が埋葬されているこの興亜観音や六〇年に興亜観音から分骨して埋葬した愛知県三ヶ根山にある「殉国七士墓」については、日本でもあまり注目されない。なお、A級戦犯一四人のうち、七人は自殺・病死しており、実際に絞首刑にされたのは七人で「殉国七士」と呼ばれる［山田二〇〇九］。

さらに、東京支局員の一七日の記事で、A級戦犯七人のうちで、ただひとり文官であった広田弘毅元首相(一八七八―一九四八、在任一九三六―三七)の孫が「求めたわけでも、合意したわけでもなく」勝手に合祀されたことなど、靖国神社の合祀の経緯について疑問を投げかけていると報じた。戦後、厚生省が提出した名簿に基づいて合祀され、その名簿作成にはおもに旧軍人がかかわった。この名簿は、同時に事実上恩給受給者名簿でもあった。一九六六年にA級戦犯の名簿を受けとった筑波宮司は合祀を拒否したが、筑波の死の四カ月後の七八年に松平新宮司が一四名のA級戦犯を合祀した。戦後日本国籍を失うとともに恩給受給資格も失った朝鮮人や台湾人の遺族のなかにも分祀を求めている者がいるが、靖国神社は分祀を認めていないと報じた。

一八日の記事では、次期首相候補とされる安倍晋三が平和憲法を改正しようとしていること、集団的自衛権を行使しようとしていることなど、軍事力を強化しようとしていることを伝えた。改憲にかんしては、多くの国民の支持を得ているが、国会で三分の二以上の賛成が必要であることも記した。また、ヒロヒト天皇は、A級戦犯一四人が合祀された後、靖国神社に親拝していないこと、ヨーロッパが戦後処理を成功させたのにたいして東アジアではなぜうまくいかないのか、日本の次期首相に解決を期待するなど、他人事ではなく東アジアの利益のために靖国問題を解決する必要を説いた。にもかかわらず、安倍は公然と首相就任後の靖国神社参拝を宣言し、もうひとりの候補者麻生太郎は天皇の親拝を求めた。一九八五年八月一五日に公式参拝した中曽根首相が、近隣諸国とくに中国との関係を重視してその後の参拝をとりやめたのにたいし、同じ保守、親米であるにもかかわらず、中曽根と小泉、安倍との違いはなになのかを問うた。

そして、八月二〇日に「サヨナラ、コイズミさん」の見出しの東京支局員の記事で、つぎのように小泉政権を総括した。首相になる二カ月前の二〇〇一年二月、特攻隊出撃基地として知られる鹿児島県知覧を小泉は訪ね、神風特攻隊員への母の手紙に涙を流した。小泉にとって、かれらのために靖国神社に参拝する必要があった。だが、一九七八年にA級戦犯一四人が合祀されてから靖国神社の性格は変わっていた。これらの戦犯は戦争を推進しただけでなく、何十万人という若者を死地に送った。シンガポールはじめ多くの世界のリーダーはこのような神社に首相が行くべきではないと繰り返し警告した。ヒロヒト天皇はA級戦犯が合祀されてから親拝していないし、現アキヒトも天皇になった一九八九年から一度も行っていない。中曽根元首相は、「首相の仕事は天皇が靖国神社に親拝できるようにすることで、自分が行くことではない」と述べた。「朝日新聞」の世論調査によると、日本人の五七%が小泉首相に靖国神社に行ってほしくないと回答している。次期首相が、小泉と同じように参拝するなら、それは東アジア地域にとって不幸だ。もううんざりしている日本と地域の多くの人びとは、来月退任するコイズミさんに「サヨナラ」という準備はできている、と記事を結んだ。

フィリピン

Philippine Daily Inquirer は、小泉首相が参拝した翌日と翌々日の八月一六、一七日にAP通信からの記事を、両日ともソウルの日本大使館前の抗議の写真とともに掲載した。一六日は靖国神社の写真を燃やしているもので、一七日は抗議する元「従軍慰安婦」のものだった。二二日には、「WORLD VIEW」欄でカナダのアルバータ大学の中国研究所所長のウェンラン・チアンが、小泉

首相と一九八五年八月一五日に靖国神社に公式参拝した中曽根首相を比較し、小泉とその後継者と目される安倍、麻生にたいして歴史から学ぶことを説いた記事を掲載した。中曽根は、中国の反発と友好関係を考慮して、その後靖国神社参拝をおこなわず、八七年一一月までの首相の任期を全うした。

インドネシア

The Jakarta Post でも、八月一五日の前に小泉首相の参拝をとりあげた。翌月の小泉の退任を控え、次期総裁との呼び声が高い安倍が前年の八月一五日に靖国神社に参拝したことを報じた。また、一〇日の紙面で、北朝鮮のミサイル発射実験や中国の軍事大国化から、日本が平和憲法に反して軍事力を強化しようとしていることにたいして、東アジア地域の安全保障にとって賛否両論があることを論じた。首相の靖国神社参拝や自衛隊のイラク派兵は、近隣諸国にとってかつての日本を思いおこさせ、日本への脅威を感じさせる。アセアンは日中韓と協議することで、地域の安全保障を保とうとしていると記した。一九日には、*Philippine Daily Inquirer* に掲載されたカナダのアルバータ大学のチアンの記事を転載した。

タイ

The Nation でも、小泉首相が八月一五日に靖国神社に参拝するのではないかという噂から、八月一〇日にAP通信東京発、一二日にフランス通信北京発の記事とシンガポール発パウィン・チャ

チャワーンポンパンの「中日関係悪化を止める文化交流に期待」を掲載した。そこでは、首相の靖国神社参拝問題の本質は中国と日本の広域アジアの主導権争いで、それは文化交流にまで及んでいると指摘した。タイの高校でも、日本語より中国語の学習が奨励されるようになった。小泉が九月に退任することから一三日には後継候補の安倍を紹介し、一四日には小泉首相が在任期間中に参拝を辞めれば中国と韓国が将来日本の指導者の参拝を認めるというニュースを否定するAP通信東京発の記事を、旭日旗をもって軍服姿で靖国神社を行進する「日本兵」の写真とともに掲載した。そして、一五日に参拝したモーニング姿の小泉の写真とともに、中国、韓国、北朝鮮、台湾、シンガポール、マレーシア、香港の抗議の様子を翌一六日に伝えた。だが、これにかんする記事はつづかず、一七日には秋篠宮文仁親王・同妃が出産のため病院に向かう写真(九月六日悠仁親王誕生)、一八日にはオランダに向かう皇太子一家三人の写真を掲載した。

マレーシア

New Straits Times も、八月一五日の参拝以前から小泉首相が公約にこだわり、公約を果たしても果たさなくてもマスコミは批判すると、苛立っている様子を伝えた。参拝を報道した一六日の紙面では、一五日に参拝したことの意味が、ほかの日とは違うことがわかる内外の記事を掲載した。

ペナン州の州都ジョージタウンでは、ペナン退役軍人会が、戦没者記念碑(セノタフ)の前で戦没者慰霊祭をおこなった。記念碑は正面上に「一九一四―一九一八」と書かれているように元々第一次世界大戦後にイギリスが英領マラヤの数カ所に建てたもののひとつであるが、その対象に第二次世界大戦およびその後の戦争・内乱で犠牲になった者が加わった。八月一五日は、戦争体験者や遺族を刺激する日のひとつである。

同じ八月一六日の紙面には、東京の日本武道館で天皇皇后が出席しておこなわれた全国戦没者追悼式で、深々とお辞儀する小泉首相の写真と、日の丸の国旗のもと天皇家を象徴する菊の花で埋めつくされた壇上で、小泉が式辞を述べる様子を紹介した記事を掲載した。この記事を読むと、この追悼式に加えて、なぜ小泉が靖国神社に参拝しなければならないのか、その理由がわからなくなる。また、この追悼式が、天皇のために死んだ人びとと遺族のためにおこなわれていることが伝わってくる。

これらの記事から、小泉首相が八月一五日に参拝したことで、中国や韓国が主張する戦前の軍国主義の復活の懸念が、より説得力あるものになったということができる。「いつ行っても批判する勢力がある。ならば今日は適切な日と判断した」と語った小泉首相の判断は、正しかったのか疑問になる。

八月一八日の*New Staraits Times*は、「Opinion」欄にニューデリーの政策研究センター教授ブラフマー・チェラニーのコメントを掲載した。このインド人研究者は、戦後、チベット、インド、ベトナムといった近隣諸国・地域にたいしてとった中国の外交政策を念頭に、影響力が低下してきた共産主義イデオロギーにかわるナショナリズム昂揚のために、中国は歴史を利用していると解説した。つづけて、日本が広島と長崎への原爆投下を戦争の犠牲の象徴としたように、中国は日本軍による南京虐殺をとりあげ、東アジアでの地政学的優位を築こうとしていると述べた。日本も中国も歴史から解放されなければならないのに、小泉首相の参拝は逆に中国の反日を煽ってしまったと結論した。また、同じ日の紙面に、天皇の継承問題について皇太子妃と秋篠宮妃とを絡めた記事を掲載した。

ブルネイ

Borneo Bulletin は、八月一五日に一面全部を使って、中国との関係が悪化することが明らかにもかかわらず小泉首相が参拝しようとしている記事と、靖国神社がかつての日本帝国主義の象徴でどのような歴史を歩んで来たかを解説した記事を、八月一四日の靖国神社と二〇〇四年に紋付き袴で参拝する首相の写真とともに掲載した。翌一六日には、軍服姿で旭日旗を掲げて行進する「日本兵」の写真とともに、シンガポールが小泉の参拝にたいして、アジアにとってよくないと批判したと伝えた。

ベトナム

Việt Nam News は、八月九日におこなわれた長崎原爆犠牲者慰霊平和祈念式典に出席した小泉首相の様子を、翌一〇日に写真付きで伝えたが、一五日の靖国神社参拝にかんする記事はみあたらない。

カンボジア

The Cambodia Daily でも、公約の八月一五日の靖国神社参拝が話題になり、一一日にロイター東京発の記事で靖国神社支持者の若者について紹介した。二〇〇六年二月に設立された靖国神社崇敬奉賛会青年部「あさなぎ」は、靖国神社や大阪護国神社の清掃奉仕などをおこなっているが、一八歳以上四〇歳未満を部員とし半年で三〇〇名になったと紹介した(14)。

八月一六日には、一五日に小泉首相が参拝した様子と中国や韓国がそれを非難したことを韓国の日本大使館前でデモ隊と警察部隊が激しくもみあう写真とともに報じ、小泉は参拝後アキヒト天皇とともに追悼式に出席し、国旗と菊の花で飾られた壇場を背に式辞を読みあげたと報じた。

ミャンマー

The New Light of Myanmar は、小泉首相の靖国神社参拝について触れず、八月二二日にミャンマー通信／新華社通信の記事で、日本が中国と協力して日本軍が残した大量の化学兵器の処理をしていることを報じ、両国間の関係が良好であることをうかがわせた。

＊　＊　＊

シンガポールの *The Straits Times* では熱海の興亜観音、カンボジアの *The Cambodia Daily* では「あさなぎ」の活動がとりあげられ、首相の靖国神社参拝問題から踏み込んで、日本の問題をより深く理解しようとしている。インドネシアの *The Jakarta Post* は、アセアンによる日中・日韓

表 2-1　東南アジア諸国（シンガポール，ブルネイ，ミャンマーを除く）・中国の１人あたりの GNI（米ドル）

年	インドネシア	カンボジア	タイ	東ティモール	フィリピン	ベトナム	マレーシア	ラオス	中国
2002	710	300	2,000	520	1,030	430	3,540	310	960
2003	810	300	2,190	460	1,080	480	3,880	340	1,100
2004	1,140	350	2,490	550	1,170	540	4,520	390	1,500
2005	1,280	430	2,720	600	1,320	620	4,970	430	1,740
2006	1,420	490	3,050	840	1,390	700	5,620	500	2,000

出典：外務省経済協力局編『政府開発援助（ODA）　国別データブック』2001-15 年，国際協力推進協会

歴史問題の解決のみちを提案している。八月一五日は、日本に占領された国・地域の人びとにとっても重要な日のひとつで、首相の参拝はこれらの人びとを刺激することになる。また、マレーシアの*New Straits Times*は、中国との関係ではインドまで視野を広げる必要があることからインド人研究者のコメントを掲載した。

小泉首相の在任中、表2-1のとおり、中国の一人あたりのGNI（国民総所得）は二〇〇二年の九六〇から〇六年の二〇〇〇ドルに倍以上、増加した。東南アジア（シンガポール、ブルネイ、ミャンマーを除く）でも、インドネシアは七一〇から一四二〇ドルに倍増した。マレーシアは三五四〇から五六二〇ドル、タイは二〇〇〇から三〇五〇ドル、フィリピンは一〇三〇から一三九〇ドル、ベトナムは四三〇から七〇〇ドル、ラオスは三一〇から五〇〇ドル、カンボジアは三〇〇から四九〇ドルに、軒並み増加した。アセアン原加盟国だけでなく、インドシナ三カ国も成長軌道に乗ってきた。

いっぽう、対日、対中輸出入貿易の割合をみると、対日本は大幅、急激な減少ではないが、減少傾向がうかがえるのにたい

して、対中国は着実に増加している。対日本では、輸入の減少が目立つ。タイは二〇〇二年の二三・〇%から〇六年の一九・九%に、フィリピンは二〇・四%から一三・六%に、マレーシアは一七・八%から一三・三%に、インドネシアは一四・一%から九・〇%に、ベトナムは一二・七%から一〇・五%に、シンガポールは一二・五%から八・三%に、とくに輸入金額の多い国が減少している。それにたいして、対中国の輸入ではどの国でも年一〇%ほど増加し、五年間で五〇%ほど増加している。輸入額の多い順にみていくと、シンガポールは二〇〇二年の七・六%から〇六年の一一・四%に、マレーシアは七・七%から一二・二%に、タイは七・六%から一〇・六%に、ベトナムは一〇・九%から一六・五%に、インドネシアは七・八%から一〇・九%に、フィリピンは三・五%から七・一%に、ミャンマーは二六・八%から三四・五%に、カンボジアは一一・八%から一七・六%に、ラオスは八・三%から一一・二%に、そしてブルネイは一・四%から五・五%に増加している。シンガポール、ベトナム、インドネシアで、対日本のほうが対中国より大きかった輸入額が逆転している(巻末資料)。

これらの統計資料から、東南アジア各国と中国はともに輸出入額が増加し、経済発展をしてきたことがうかがえる。それにたいし、日本との貿易額は、とくに輸入で減少が目立ち、日本にとってかわって中国からの輸入が増加したことがわかる。この退潮する日本と台頭する中国は、勢いの差からこれらの数字以上に影響力をもち、日本にかわって中国を重視するようになったことが考えられる。だが、大国を競いあわせて自らの利益を最大限に追求する「弱者の武器」を利用できるだけの力はまだ日本にあると考え、日本への批判を抑えていたかもしれない。

第 3 章

グローバル化する靖国問題

領土問題と歴史問題の結合

はじめに

二〇〇六年九月に自由民主党総裁の任期切れで小泉首相が退任し、安倍晋三（一九五四―、在任二〇〇六―〇七、二〇一二―）が首相になった。祖父は、A級戦犯被疑者として三年間余拘留され、不起訴のまま無罪放免となった岸信介元首相である。中国などが懸念していた靖国神社参拝は控え、村山談話を踏襲すると答弁して、初の外遊先に中国を選んだ。このとき合意した日中「戦略的互恵関係」は、〇八年五月に国賓として日本を公式訪問した胡錦濤主席と福田康夫首相（一九三六―、在任二〇〇七―〇八）とのあいだで「「戦略的互恵関係」の包括的推進に関する日中共同声明」として発表され、署名された(1)。

だが、二〇〇七年七月の参議院選挙で自由民主党が民主党に大敗し、与党が参議院で主導権を失う「ねじれ国会」が出現して、政権は安定しなかった。同年九月に安倍首相が辞意を表明し、福田が首相となった。一九七八年に日中平和友好条約を締結した福田赳夫首相を父にもつ福田は、「知中派」として中国側の期待は高く、二〇〇八年六月につぎのとおり東シナ海のガス田開発を共同でおこなうことに合意した(2)。

白樺（中国名：「春暁」）油ガス田開発についての了解

二〇〇八年六月一八日

中国企業は、日本法人が、中国の海洋石油資源の対外協力開発に関する法律に従って、白樺（中国名：「春暁」）の現有の油ガス田における開発に参加することを歓迎する。

日中両政府はこれを確認し、必要な交換公文に合意し、早期に締結すべく努力する。双方はその締結のために必要な国内手続をとる。

靖国神社について、福田は二〇〇一年一二月に小泉内閣の官房長官として私的諮問機関「追悼・平和祈念のための記念碑等施設の在り方を考える懇談会」を発足させ、〇五年一一月九日に発足した超党派の議員連盟「国立追悼施設を考える会」設立総会に参加したが、ともに具体化には至らなかった。「相手が嫌がることをあえてする必要はない」と述べ、首相在任中に参拝することはなく、集団での参拝にも参加しなかったが、〇八年五月に一九四九年以来禁止されていた学校行事としての靖国神社、護国神社の訪問を、閣議決定により解禁した。

「ねじれ国会」での政権運営は厳しく、福田も自ら二〇〇八年九月に首相を退任した。後を継いだ麻生太郎（一九四〇―、在任二〇〇八―〇九）は、韓国李明博大統領（一九四一―、在任二〇〇八―一三）とのあいだで頻繁に首脳が相互訪問する「日韓シャトル外交」を定着させ、同年一〇月に「日本国とインドとの間の安全保障協力に関する共同宣言」を発表し、安倍政権時の〇七年三月に発表した「安全保障協力に関する日豪共同宣言」とあわせて、中国にたいする戦略性をもった外交をおこなった。

そして、二〇〇九年八月の総選挙で自由民主党が大敗し、戦後初の本格的政権交代がおこなわれ、民主党が政権を担った。参議院では民主党が過半数に満たなかったため、社会民主党、国民新党との連立政権であった。首相に就いた鳩山由紀夫(一九四七―、在任二〇〇九―一〇)は、歴史問題について率直に日本の非を認め、「東アジア共同体」構想を掲げたが、具体性に乏しかった。また、沖縄のアメリカ軍普天間基地の移設問題などでアメリカとの関係を悪化させ、一〇年六月に辞任した。後継首相として、菅直人(一九四六―、在任二〇一〇―一一)が六〇%前後の高い支持率の下、就任した。だが、消費税の引き上げを掲げてのぞんだ就任翌月の二〇一〇年七月の参議院選挙で大敗し、与党過半数割れで「ねじれ国会」が再来した。このように政権が安定せず、日米間の信頼関係があやしくなるなか、同年九月、尖閣諸島近海で中国漁船と日本の海上保安庁の巡視船とのあいだで衝突がおこった。中国では、一〇月に共産党第一七期中央委員会第五回全体会議が控えていた。また、この一〇年に中国はGDP(国内総生産)で日本を抜き、世界第二位になった。

いっぽう、東南アジアでは、アセアンで大きな組織改革がはじまった。二〇〇七年一一月二〇日、第一三回アセアン首脳会議で、「アセアン憲章」が採択され、翌〇八年一二月一五日に発効した。「合意しても実行しない」組織という批判から脱却することをめざしたこの憲章は、アセアンに地域機構として法人格を与えるもので、アセアン共同体に向けて制度化を図ることを目的とした。日本アセアンセンターがまとめた憲章のおもな概要は、つぎのとおりである(3)。

〈ASEAN憲章の主な概要〉

（一）ＡＳＥＡＮの基礎となる諸原則の再確認（注：なお、その中には民主主義、法の支配、人権尊重、グッドガバナンス等も盛り込まれている）。国内問題への不干渉原則は維持。

（二）ＡＳＥＡＮ人権機構の設立を明記（注：ただし、その具体的な内容については、ＡＳＥＡＮハイレベル・パネルが協議中）。

（三）ＡＳＥＡＮ内部の意思決定方式に関しては、基本的にコンセンサス原則を維持する。また、重要な事項についてコンセンサスに至らない場合には、首脳会議に委ねられる。憲章への重大な違反があった場合、当該ケースは首脳会議に付託される。

（四）ＡＳＥＡＮ各国代表部をジャカルタに設置。ＡＳＥＡＮ内部の意思決定は右代表部間の協議メカニズムも活用されることが想定される。また、ＡＳＥＡＮの域外対話国は、ＡＳＥＡＮ担当大使を任命することができる（なお我が国は二〇一〇年四月八日に山田滝雄ＡＳＥＡＮ担当大使を新たに任命）。

（五）ＡＳＥＡＮ事務局次長が二名から四名に増加されるなど、ＡＳＥＡＮ事務局機能を強化。

（情報提供：外務省）

結局、一部の加盟国からの反発が激しく、拘束力がなくその実行性が疑問視されたが、共同体構築に向けて歩をすすめたことは確かで、以前より増して地域を意識していくことになった。

1　結びつく領土問題と歴史問題——二〇一〇年の尖閣諸島沖での中国漁船衝突

二〇一〇年九月七日、尖閣諸島久場島付近で、石垣海上保安部所属の巡視船「よなくに」(一三四九トン)と「みずき」(一九七トン)が、相ついで中国トロール漁船(一六六トン)と「接触した」。中国漁船は停船命令に従わず、一〇時一五分ごろ停船していた「よなくに」に船体を衝突させ、逃走、追尾していた「みずき」にも一〇時五六分ごろ船体を衝突させた。中国漁船は午後〇時五五分ごろ停船し、海上保安官二二人が乗り込んで立ち入り検査した。乗組員は全員中国人の一五人だった。第一一管区海上保安本部は、船長にたいして公務執行妨害の疑いで逮捕状を請求した。日本外務省は、電話で駐日本の中国大使に遺憾の意を伝え、国内法に基づいて船長を逮捕する方針であると説明した。これにたいして、中国は駐中国の日本大使を外交部に呼び、「日本側による違法な妨害行為を停止するように」と抗議した。以下、「朝日新聞」の記事を中心にことの顚末を追う。

中国名釣魚群島、台湾名釣魚台列嶼、日本名尖閣諸島付近では、八月中旬以降、カワハギ漁などに従事する中国漁船が増え、多い日には二七〇隻が操業していた。七日には一六〇隻がおり、三〇隻は日本の沿岸から約二二キロの領海に入っていた。八重山漁業共同組合の職員の話では、燃料費がかさむため出漁する日本船は多くはないが、台湾や中国の漁船や釣り客を乗せた船の目撃情報はしばしばあったという。

中国では、八日北京の日本大使館前で数十人が抗議し、中国政府は漁業監視船を派遣して、駐中国の日本大使を何度も呼び、抗議を伝えた。一二日の呼び出しは真夜中の午前〇時で、副首相級が直接呼ぶという異例の抗議だった。一二日夜には、天津日本人学校の窓ガラスが割られた。また、東シナ海で海洋調査中の海上保安庁の測量船「昭洋」(三〇〇〇トン)と「拓洋」(二四〇〇トン)にたいして、中国国家海洋局の測量船「海監五一」(一九三七トン)が接近し、「中国の管轄海域に入っているので中国の法令に従うように」と調査の中止を求めた。日本政府は外交ルートを通じて中国に抗議した。

一三日、日本政府は船長を除く一四人の乗組員を中国に帰国させ、漁船も返還すると発表した。一五日に帰国した漁船の船首部分には、石垣港を出港したときにはなかった穴が二カ所空いていた。中国漁民は、「祖父の代から漁をしている」「近海は魚が少ない」と、片道三〇時間近くかけて行き、往復のべ一〇日間ほどの漁をするという。

尖閣諸島の領有権を主張する台湾では、活動家二人を乗せた漁船が一三日釣魚台(尖閣諸島)をめざして出港し、翌一四日海上保安庁の巡視船に阻まれた。台北では、約五〇人が日本の対台湾窓口機関である交流協会台北事務所ビルに魚を投げつけたり、紙に描いた日の丸を焼いたりして抗議した。

菅政権は、尖閣諸島には領土問題は存在しないとの立場で、国内法で対処するとの方針であった。いっぽう、国内的には、ねじれ国会で野党の協力がなければなにも決められない状態で、民主党の党内でも政治資金規正法違反で刑事訴訟の対象となった小沢一郎の処遇問題があった。

一九日、逮捕された船長の拘留が一〇日間延長されると、中国は「閣僚級交流を停止」すると発表し、「船長を釈放しなければ、強烈な対抗処置をとる」と抗議した。中国側の強硬姿勢に折れるように、二四日那覇地方検察庁は船長を処分保留のまま釈放すると発表した。政府は、政治介入はなかったと強調した。

この「中国の完全勝利」にたいして各国はどうみていたのか、「朝日新聞」は二五日につぎのように伝えた。アメリカ合衆国のウォールストリート・ジャーナル電子版は「中国をつけあがらせる危険性を高めた」と指摘した。韓国聯合ニュースは「日本の降伏宣言で幕を下ろした」、韓国のYTNテレビは「中国・無差別報復、日本・事実上の白旗」と日本の譲歩を強調し、日中関係の悪化が北朝鮮問題に影響することを懸念した。北方領土問題を抱えるロシアは、「ロシアが不法占拠している」と発言する前原誠司が新たに外相に就任したことで警戒を強めた。南シナ海の西沙・南沙諸島などで中国と領有権問題を抱えるベトナム、フィリピン、マレーシアでも、日中間のなりゆきを注視した。南シナ海でも中国漁船が大挙して操業しており、譲歩を示さない中国の外交交渉に頭を抱える国のなかには、アメリカの関与を求める国がでてくるかもしれないとの指摘を紹介した。

船長の釈放でひとまず落ち着くことが期待されたが、中国の攻勢は緩まなかった。中国は日本に謝罪と賠償を要求した。また、二〇日から中国河北省で軍事管理区域に侵入したとして日本人四人(株式会社フジタ社員)を拘束し(後に関連がないとされた)、日本へのレア・アースの事実上の禁輸措置をおこなった。レア・アースは、電子機器の機能向上に不可欠で、当時中国が世界の産出量のほとんどを占めていた。尖閣諸島近海では、中国の監視船が留まっていた。二七日、仙谷由人官房長官は巡視船修復費を中国に請求する意向を示した。

打開の糸口を探るため、アジア欧州会合(ASEM)首脳会合開催中のブリュッセルで、一〇月四日温家宝首相と菅首相が二五分間「懇談」し、「戦略的互恵関係」を確認、対話を再開することで合意した。ところが、一六日、成都、西安、鄭州などで数千人規模の反日デモがおこった。この日、東京でも主催者発表で三二〇〇人(警察発表一八〇〇人)の反中デモがおこっていた。中国では、連日「日本の右翼一六〇人が中国人観光客のバスを包囲」「中国大使館に銃弾入り脅迫状」などの日本の反中の動きを詳細に報道し、インターネットの呼びかけで他都市へも反日デモが拡大した。デモが政府批判に転じる気配があったこともあり、中国はネット遮断や学生の外出禁止などで押さえ込んでいった。いっぽう、漁船衝突事件がおこったときの国土交通大臣(在任二〇〇九年九月一六日—一〇年九月一七日)でその後外務大臣(在任二〇一〇年九月一七日—一一年三月六日)に就任した前原の発言に、中国は根強い不信感を示した。「中国脅威論」を主張し中国に強い警戒感をもっていた前原は、衝突事件後の中国の対応を「極めてヒステリック」などと発言して反発を買っていた。この日中対立は、一〇月三〇日にハノイで開幕したアセアン一〇カ国に日中韓、インド、オーストラリア、ニュージーランドを加えた一六カ国首脳による東アジアサミットでも、南シナ海の領有権問題と絡んで注視された。

シンガポール

The Straits Times は、二〇一〇年九月九日、海外欄「WORLD」トップで、日本の海上保安庁巡視船二隻と衝突した中国漁船の船長の釈放を中国が求めていると報じた。日本は国内法で対処す

ると述べていることを紹介し、北京の日本大使館前で約三〇人が抗議している写真を掲載した。一一日には一面最下段で中国が日本大使を呼び問題が深刻化したことを伝え、記事は六面へとつづいた。翌一二日には二面、一三日には一面で、AP通信、フランス通信、ロイターをもとに事実関係を報道した。一三日には、社説で日本が一八九五年に尖閣諸島を領土に編入したことなどの歴史的経緯とともに、二〇〇八年に日中戦略的互恵関係をむすび、東シナ海のガス田の共同開発をすすめることに合意したことを説明し、北京も東京も木々を見るのではなく森を見ることが必要だと結んだ。

九月一四日から、東京、北京支局員の記事が多くなり、北京だけでなく台北でも抗議のデモがおこっていることを写真付きで報じた。日本では、中国人旅行者が減ったことから観光業に影響が出ていることのほか、日本の政権与党民主党の党首選で菅と小沢の確執が明らかになり、党が経験不足のうえタカ派の前原外相の問題発言で日中関係を悪化させていることなどを伝えた。

九月二四日に、再度社説でとりあげ、実効支配している日本は、アメリカとの安全保障もあり、若干有利な状況にあるのだから、もっと緊張を和らげるようにすべきだと主張し、魚釣りという名前があるように、地域の安定のために整然と解決を釣り上げてもらいたい、と結んだ。だが、同じころおこなわれていたアジア安全保障会議(シャングリラ・ダイアローグ)は、解決とは逆方向に向かっていた。日本の元外務審議官の田中均が、日本が中国の経済発展に大きく貢献したことを強調したのにたいして、中国側はそれを持ちだせば、日本が中国を占領した一四年間の損害を言わなければならなくなる、と応酬した。

社説が掲載された二四日に船長が釈放され、中国は日本に謝罪を要求した。二七日、東京支局員による「弱い東京が強い北京をより大胆にさせた」という記事が掲載された。「多くの日本人が耳を疑った。アジアの多くの国も同じだった」ではじまる記事は、振りかざした鎧武者の刀が折れた風刺画とセットとなっていた（風刺画４）。記事は、沖縄の基地移転をめぐる鳩山前政権の失政でアメリカとの関係がぎくしゃくするなど外交経験に乏しい民主党政権が問題を大きくし、アジアでの力関係が変わったことを明らかにしたという内容だった。

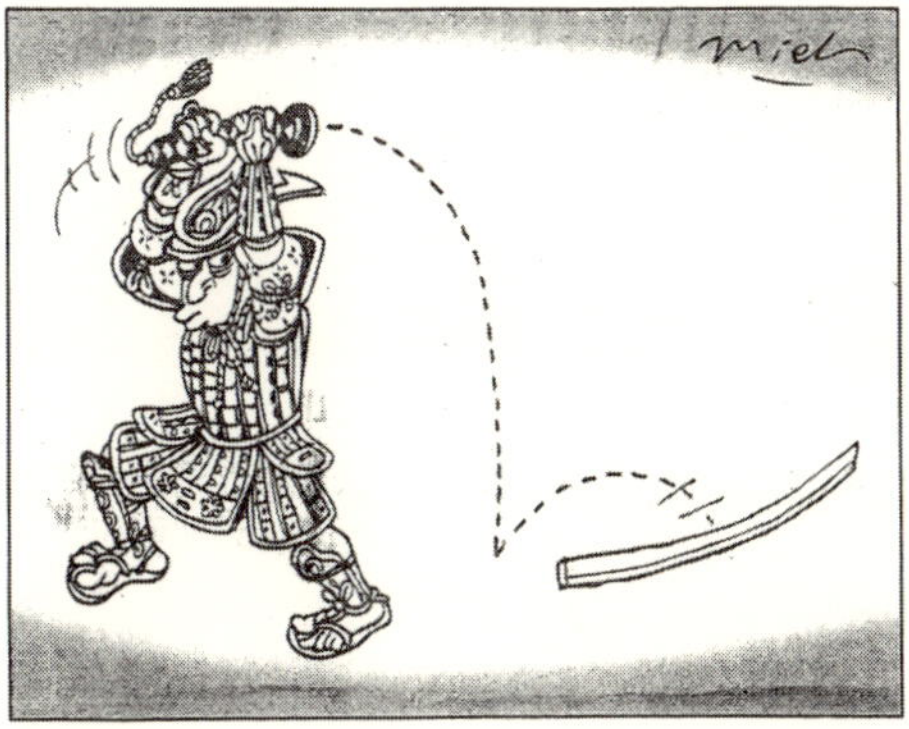

風刺画４　*The Straits Times*, 27 September 2010

　これを境に、*The Straits Times* の記事が変わった。それまでもっぱら中国の反日デモを大きく写真付きで報じたが、日本の反中デモなども報じるようになった。日本が中国の謝罪要求を拒否した二七日の東京支局員の記事では、長崎の中国領事館に火焔瓶を投げ込んだ二〇歳の右翼青年が逮捕されたことを伝えた。一〇月二日には福岡で日本の右翼のトラックが中国人観光客の乗ったバスを包囲し、中国人は日本へ旅行をしないよう警告した事件を伝え、翌三日、五日には日の丸がはためく反中デモの写真を掲載した。そして、一六日の日本の反中デモが事前に中国のネットに流され、同日から中国各地で数千人規模の反日デモが発生したことを写真付きで報道した。二〇日には秋季例大祭にあわせて靖国神社に集団で参拝する国会議員の写真を掲載した。その記事の右で、汚染、魚のとりすぎ、気候変動で東南アジアやインド洋のサンゴが最悪の状態になっていると報じた。

新聞報道の役割のひとつが、弱者や少数者の声を伝えるということであれば、日本が中国にたいして弱者として扱われるようになった、ということができるかもしれない。

フィリピン

Philippine Daily Inquirer は、中国漁民が逮捕され、船長が拘留されたままの状態で中国の反発が強くなっているという、外国通信社からの情報をもとにした記事を散発的に掲載した。そのようななかで、九月二四日に東シナ海の中国対日本だけでなく、南シナ海の油田、バングラデシュ、スリ・ランカ、パキスタンでの中国の港湾開発などの問題を指摘し、中国とアメリカとの対立が激化するのではないかとおそれる記事を掲載した。また、二六日には「WORLD VIEW」欄で、カリフォルニア大学アーバイン校歴史学教授のジェフリー・ワッセルストロムが書いた、日本にかわって世界第二位の経済大国になった「中国は強いのか弱いのか？」という記事を掲載した。

フィリピンは中国、ベトナムと三カ国で南シナ海における海底資源の共同地震波探査（JMSU）を実施する協定を二〇〇五年三月に締結しており、〇八年七月に契約が失効したが、中国との関係はそれほど悪くなかった。悪化するのは、一二年四月に、スカボロー礁でフィリピン海軍艦艇が中国漁船を不法漁業で検挙しようとし、両国の監視船が対峙してからである［小谷二〇一三：三一―三三］。一〇年九月段階では、フィリピンは中国にあまり警戒していなかったようで、*Philippine*

Daily Inquirer から日中間の緊迫した状況は伝わってこない。

インドネシア

The Jakarta Post は、外国通信社の記事を通じて事実関係を伝えるとともに、専門家の解説記事を載せ、歴史的背景や現在の状況について理解を深めさせた。中国側、日本側、第三者とバランスのとれた記事を掲載したが、全体として日本とアメリカの退潮と中国の台頭によって地域の状況が変化してきていることがわかる。もっともあからさまな記事は、一〇月一五日にコルネリウス・プルバ記者が書いたもので、日本のインドネシアにたいする影響力の低下は明らかで、中国、ある意味では韓国が日本にとってかわったという内容であった。中国はとくにインフラストラクチャーの整備に力を入れ、韓国はＬＧ、サムスンなどの電子機器メーカーが進出し、インドネシアで最大の外国人コミュニティを形成した。一九八〇—九〇年代インドネシア人の多くは子どもたちに日本語を学ばせ、日本で勉強することを望んだが、いまは中国語のほうが将来性があるとみている。日本企業は古いスタイルに固執し、その過ちに今ごろ気づいても長年無視しつづけてきたので、すでに遅すぎる。記事は、「日本が知らなければならないのは、近隣の小さな国ぐにが傷ついており、その傷を治すことは簡単ではないことだ。とくに中国が高価な贈り物をちらつかせているのだから」で終わり、日本の長年のインドネシアにたいする「経済援助」はなんだったのかを考えさせるような内容になっている。そして、二〇日には、約七〇人の国会議員が靖国神社に参拝したが、政府要人は見送ったと伝えた。

タイ

The Nation は、フィリピンやインドネシアと同じように、外国通信社の記事で事実関係を伝えた。そして、九月一一日に日本の海上自衛隊が行進する大きな写真とともに報じたのは、南シナ海を念頭においた中国の軍事力増強をともなう海域での活動が活発になってきていることだった。一九日に中国での反日デモの写真を掲載し、二〇日の社説では中国も日本も国内の政治のために強い愛国主義を必要とし、外交的和解より優先しているのだろうが、東アジア共同体の将来に影響を与えかねないと論じた。二七日の「Opinion」では、カウィー・チョンキットターウォーンがアメリカをも巻き込んだ中国とアセアンの三角関係が予断を許さない状況になってきていると指摘した。一〇月一日には、九月二七日にシンガポールの *The Straits Times* に掲載された「多くの日本人が耳を疑った。アジアの多くの国も同じだった」ではじまる「弱い東京が強い北京をより大胆にさせた」という記事を転載した。そして、一〇月三日に東京で一五〇〇人ほどの反中デモがおこったことを、日の丸を掲げて行進する写真とともに報じた。また、北方領土問題に関連して、ロシアのメドヴェージェフ大統領(一九六五―、在任二〇〇八―一二、首相在任二〇一二―)が千島列島訪問を希望していると伝えた(一一月一日に国後島を訪問)。

一〇月四日「Opinion」で、カウィーは「中国と日本との論争はアセアンに影響を及ぼす」と題して「地域の見方」からの意見をつぎのように述べた。この五年間、中国と日本の関係が急速に改善し、東アジアの共同体構築に拍車がかかった。だが、このたびの釣魚/尖閣諸島をめぐる中国の日本にたいする強硬姿勢は地域にとってひじょうに負の影響を与える。アセアンは日本にも中国にも与しないが、中国がアセアンにたいしても同様の対応をするのではないかと懸念する。この数十年間とくに二〇〇五年以前、アセアンは中国と日本のライバル関係をうまく利用してきた。だが、今日、アセアンはもはや中国と日本をよそものとは考えていない。この「Opinion」から、日中関係がいかにアセアンに大きな影響を及ぼすようになってきたかがわかる。

いっぽう、一〇月五日のマーヴィン・オット(ウィルソン・センター)の記事で、中国にとっての東南アジアは地理的にベトナム、ラオス、ビルマと国境を接していること、東南アジア各地に経済的に強い影響力をもつ都市中国人社会があること、歴史的に朝貢システム下にあったことから、南のゲートウェイとして位置づけていると説明した。また、東南アジアで中国に軍事的に対抗できる国はどこもなく、南シナ海で海軍・空軍で対抗できるのはアメリカだけだと指摘した。この記事は二つからなるシリーズの一つめで、二つめは翌六日に掲載された。朝日新聞社主筆の船橋洋一による記事で、中国の台頭、インドの進出で、アジア太平洋の状況は新たな展開を迎えており、これから一〇年で注目されるのは北朝鮮、南シナ海、エネルギー・環境の三つの問題であると指摘し、グローバル市民の力として日本の役割が大きくなると論じた。

一〇月一一日には、バンコク銀行のプラソン・ウタイセーンチャイが「中国と日本――タイの経済発展の二つの大黒柱」と題して、つぎのように論じた。

長い間、日本はタイ経済発展のために大きな役割を果たしてきた。タイの産業に投資し、労働者を訓練し、新しい技術を導入し、タイの商品への市場を供給してきた。日本を先頭に、タイやほかの東南アジア諸国が後に続く雁行型経済発展をし、中国もかつてはこの雁行型の後ろの方にいた。しかし、先月中国は世界第二の経済大国となり、日本を追い抜いた。タイと、中国・日本との関係は、雁行よりも、むしろ我々の家を強力に支える二つの柱として考えたい。

あわせて、二〇一〇年上半期、中国はタイの貿易額の一〇・九%を占め、最大の貿易相手国となり、日本は一〇・一%で第二位となったと述べた。

一〇月一三日の社説では、日本と中国との関係が改善されなければ、東南アジアの経済にも悪影響を与え、地域としてのアセアンの役割も低下すると指摘した。一四日のカウィーの記事でも、日本はアセアンにとって中国、アメリカにつぐ第三の貿易相手国であり、投資でもアメリカ、ＥＵにつぐ第三であると、アセアンを中国、日本、アメリカ、ＥＵと並べることができる地域と考えていた。

マレーシア

New Straits Times では、外国通信社の記事で事実関係を伝えるだけで、社説やマレーシア人が書いた記事はない。はじめ北京の日本大使館前で小規模の反日運動の写真を掲載したが、一〇月三日には日本の反中デモの写真を大きく掲載した。中国漁船の船長の逮捕・拘束の報復であるかのように、中国河北省内の軍事管理区域に侵入し、許可なく撮影したとして株式会社フジタの社員四名

が拘束された記事を数回にわたって掲載した。旧日本軍の遺棄化学兵器は、戦後の日中国交回復後の重要問題のひとつで、フジタはその処理施設建設を受注し、候補地を視察していた。日本、中国両政府とも中国漁船衝突事件との関連を否定し、実際に関連はなかったとされたが、*New Straits Times* の記事からはレア・アース輸出制限などと同じように、中国の報復であったとの印象を受ける。また、日本が中国で戦後処理をおこなっていることを、読者に知らせることになった。

ベトナム

Việt Nam News では、事実関係を簡潔に伝えるだけで、ベトナム政府やベトナム人の反響は報じられなかった。ベトナム漁船と中国漁船あるいは中国公船との衝突は頻繁におこっており、さほど珍しいことではなかった。二〇一〇年にも、ベトナム漁船が中国に拿捕される事件がおこっている［佐藤二〇一〇：一九］。

カンボジア

The Cambodia Daily では、九月九日から中国漁船の衝突事件について、おもに東京発の朝日新聞とロイターの記事で連日のように報じた。一九日に *The Boston Globe* の社説を掲載し、中国、日本ともに対応を誤り、問題を複雑にしたと解説された程度で、独自の視点からの記事はなかった。

ラオス

Vientiane Times は、九月一四日にＡＰ通信東京発で、八日に中国人船長が連行される写真とともに、船長以外の船員一四名が釈放されたと報じた。また、一〇月二〇日に中国が日本へのレア・アースの輸出を制限したと、ＡＰ通信北京発で伝えた。

ミャンマー

The New Light of Myanmar では、一〇月三日に急病の中国人船員を日本の海上自衛隊が駆けつけて、ヘリコプターで病院に運び、中国大使館が深謝したと伝えた。漁船衝突事件についての報道はなかった。

＊　＊　＊

尖閣諸島周辺での日中の衝突は、東アジアでの力関係が日本から中国に移ったことが明らかになった事件として、東南アジアでは報道された。中国の日本への「制裁」が、南シナ海の島じま等の領有権問題で東南アジアに及ぶことをおそれた。タイの *The Nation* で記されたように、このところ日本と中国のライバル関係を利用してきた東南アジア各国にとって、とくに脅威とみなすようになってきた中国との関係を見直す必要に迫られた。その答えのひとつは、アメリカとの接近であった。多くの新聞が事実関係を報じるだけでなく社説でとりあげたのも、差し迫った問題としての意識が強くなってきたためだろう。また、インドネシアの *The Jakarta Post* は、日本のこれまでの奢りを中国に乗り換える理由としている。日本が戦争中だけでなく、戦後の関係をも振り返る必要があることを示唆した。なお、東南アジア各国が日中のライバル関係を利用して援助などを引き出してきたことについて、日本側でも中国側でも外交官は認識していた[桂二〇一三：二一九]。

2　二〇一二年の尖閣諸島の日本「国有化」

尖閣諸島国有化の発端は、二〇一二年四月一六日に、アメリカの首都ワシントン訪問中の石原慎太郎東京都知事が、購入方針を表明したことだった。これにたいして、政権奪回が確実視されていた野党自由民主党が、五月三一日次期総選挙の政権公約第二次案で国有化を明記した(「朝日新聞」二〇一二年五月三一日夕刊)。そして、七月七日に民主党野田佳彦首相(一九五七―、在任二〇一一―一二)が国有化の方針を表明し、一一日に日中外相会談で中国にその方針を伝えた。領有権を主張する中国が海洋監視船を近海に派遣するなどして抗議するなか、九月一一日に閣議決定し、地権者から二〇億五〇〇〇万円で購入した[Zakowski 2014]。

尖閣諸島五島は、それぞれ沖縄県石垣市登野城二三九〇―九四番地をあてられ、地積を有し、所有者がいた。今回国有化した南小島、北小島、魚釣島、久場島の四島は、一八九五年一月一四日の閣議で、沖縄県所轄および国標建設を決定し、九六年三月五日に日本政府は、「勅令により編入措置、沖縄県知事、尖閣諸島を八重山郡に編入、魚釣島・久場島・南小島・北小島を国有地と決定」した。九五年六月一四日に民間人が四島借用願いを提出し、翌九六年九月に許可され、一九三二年には払い下げを申請、許可された〔浦野二〇一三：一四〇―一五三〕。

一貫して国有地であった大正島と、二〇一二年に国有化された四島のうち久場島は、一〇年一〇月二二日の「衆議院議員照屋寛徳君提出尖閣諸島と日米地位協定に関する質問に対する答弁書」で回答されたように、アメリカ軍が射爆撃場として使用している。(4) 残りの三島は、「魚釣島、北小島及び南小島については、尖閣諸島の平穏かつ安定的な維持及び管理を図る必要があると判断し、そのために、平成十四年四月から、国が賃借している」（衆議院議員秋葉賢也君提出尖閣諸島の実効支配強化に向けた政府の取組に関する質問に対する答弁書(5)）。

国有化の理由は、東京都が購入後、漁船の避難港を整備したり、無線中継基地や気象観測所を設置したりして、実効支配を強化する意思を明らかにしており、日中関係が悪化する懸念があったためであった。東京都は二〇一二年九月二日に都職員、不動産鑑定士、学者ら二五人からなる調査団を派遣し、洋上から現地調査を実施した。東京都には、購入のための寄付金一四億六〇〇〇万円が集まっていた。

同じころ、日本と韓国とのあいだでも、竹島（独島）をめぐる領土問題が再燃していた。一九五三年以来韓国が実効支配している独島に二〇一二年八月一〇日李明博大統領が上陸し、一四日に天皇訪韓の条件として謝罪を求め、さらに翌一五日に旧日本軍の「従軍慰安婦」について日本政府の責任ある措置を求めた。日本の反発にたいし、李明博は、九月五日真意が伝わっていないとして、約二時間にわたって日本に詳しい韓国有識者らを大統領府に招いて日韓関係について議論した。独島上陸は「慰安婦」問題に積極的に対処しない日本へのいらだちからで、天皇の訪韓によって悪循環を断ち切りたいとの思いだった、と補足説明した。また、韓国政府は、独島を一九一〇年の日韓併合に先立つ〇五年に侵略されたとして、英語、フランス語など一〇カ国語に訳した広報資料を在外公館に送った。国内向けには、二〇一二年九月一四日「独島体験館」がオープンした。日本も、それに対抗して日本の主張を六カ国語ほどに翻訳して外務省のホームページに掲載し国際的にアピールした(6)。

いっぽう、尖閣諸島の国有化にたいして、中国政府は戦争の歴史と絡めて日本の占領を経験した国ぐにとの連携をはかり、国連にも尖閣諸島周辺海域を領海とした新たな海図を提出した。中国人のあいだでは「一年日本製品を買わなければ日本経済は瓦解する」などのネットでの呼びかけに応じた不買運動が広がり、抗議デモが各地でおこり拡大した。不買運動の背景には、輸出入貿易の依存度の逆転があった。日本の貿易に占める中国の割合が二〇〇一年の七・七%から一一年に一九・七%に増加したのにたいして、中国の貿易に占める日本の割合は一六・九%から七・八%に減少した。デモは九月一八日の「国恥の日」のひとつである柳条湖事件(満洲事変)八一周年にむけて暴徒化した。日本大使館への投石だけでなく、日系デパート、ショッピングモールで略奪がおこり、工場が放火、日本車が破壊され、日本料理店のガラスが割られた。「朝日新聞」では、デモによる被害状況のほか、中国は政権移行期で政府の弱腰を批判されることを恐れてデモを容認していること、毛沢東の肖像を掲げて「政府批判」する新たな動きがあることなどを伝えたが、ここまでこじれた日中問題を解決に向かうように考える報道はなく、日本における反中デモなどは小さくとりあげたにすぎなかった。

「朝日新聞」九月一八日朝刊の三面記事では、「邦人殴られけが　広州」「白鵬関の訪中、中止」「中国総領事館に発炎筒投げ込む　福岡　男が出頭」「ロシア大使館前　軽自動車燃やす」の見出しの小さな記事が下に並び、すこし大きな記事で「ネットで怒り増幅　日本の過激デモに反発　デマも」で一五日に新宿でおこなわれたデモの中国での反響を掲載した。小さな写真をよく見ると旭日旗が四旒、「Kill China」の文字も見える。このデモは竹島問題など韓国に抗議するものに加わったものであったが、中国のネットでは「日本人七〇人が「中国を殺せ」と反中デモ」として投稿され広まった、と伝えた。

九月一八日の柳条湖事件記念日を境に、中国政府は大使館前のデモを禁止し、暴徒化したデモ参加者を拘束するなど、事態の収束をはかるいっぽう、尖閣諸島周辺に進入する海洋監視船や漁業監視船の数を増やし、常態化させていった。また、日本製品不買運動を政府が容認、レア・アースの輸出制限、日本製品の税関検査強化、日系工場でスト続発、日本人の宿泊をホテルが拒否するなどの「制裁」をおこない、九月二三日に日中国交正常化四〇周年記念式典を事実上中止すると日本側に通知した。

九月二四日の「朝日新聞」に、世論調査の結果が掲載された。朝日新聞社が八月八日―九月二〇日に郵送でおこなった調査で、日中関係が「うまくいっていると思う」と回答した日本人はわずか五%で、「そうは思わない」が九〇%だった。八月一〇―一八日に中国でおこなわれた面接調査では、一四%対八三%であった。一〇年前に日本、中国ともに面接でおこなった調査結果、それぞれ四一%対四五%、二二%対五〇%から大きく悪化したことがわかる。その最大の原因は、「領土をめぐる問題」と「歴史認識の問題」で、日本では「領土」三八％、「歴史」三〇％であったのにたいして、中国では「歴史」四一％、「領土」三五％の順であった。

この間、同じく尖閣諸島の領有権を主張する台湾でも、日本の国有化に抗議するデモなどがおこった。漁場としていた台湾漁民の声も「朝日新聞」に掲載された。一九六五年ごろから七五年ごろまで一五時間かけて漁場に来ていた漁民は、一日三〇〇キロくらいサバを釣り、海鳥の卵も一日一〇〇〇個ほどとれたと回想した。沖縄からも漁船が来て互いに手を振りあう友好関係があったが、中国船は見なかったという。台湾漁民は八重山諸島付近も「伝統的漁場」としていたこともあり、九六年以来、日本とのあいだで一六回にわたり漁業権をめぐる交渉をしていた。日本の国有化による取締りの拡大や強化を危惧した台湾は、二〇一二年九月一四日に日本との漁業交渉の開催を求めた。そして、一三年四月に「公益財団法人交流協会と亜東関係協会との間の漁業秩序の構築に関する取決め」(略称「日台民間漁業取決め」)(7)が合意された。尖閣諸島周辺海域は、この取り決めに含まれず、主権問題を棚上げにして、日台双方の漁業操業が可能になった[鄭二〇一六：一八五—一八六]。

九月一八日「朝日新聞」は朝刊一面トップで「中国漁船、尖閣向け出航」「一〇〇〇隻予定、海保が警戒」と報道した。だが、夕刊三面記事では小さく「争いの海にならないで」という見出しで、八重山漁協の組合長が「中国漁船が攻めて来るかのようなイメージを流すのは、日中ともにやめてもらいたい」と苦々しく語り、「大半の船は禁漁期が明けたので出漁しているだけだ。毎年の光景なのに」と指摘する記事を掲載した。ところが、翌一九日朝刊では、三面記事トップで「尖閣 勢いづく中国漁民」「今回は国が守ってくれる」の見出しで、一九九二年に日本の領海に入った漁船を中国の漁業監視船が拘束したことを伝えた。二〇日朝刊三面記事には「中国漁船七〇〇隻、動きなし」「尖閣まで一〇〇キロ以上 海保警戒」、同夕刊一面には「尖閣二五〇キロ沖、漁船操業」「接続水域の付近には一〇隻」、さらに二一日朝刊二面には「尖閣沖EEZで自国漁船を検査」「中国監視船、日本が抗議」、同一三面では「中国の漁船ら」「魚追って尖閣に行くだけ」の見出しで、中国漁船の動向を追った。八重山漁民が恐れる「争いの海」につながる報道がつづいた。

「朝日新聞」の記事を読むかぎり、事態の収束を考える記事は乏しく、反中国を煽るような記事がつづき、二五日夕刊トップでは「台湾漁船四〇隻 領海侵入」「尖閣沖、海保が放水」の見出しで、日本の海上保安庁の巡視船が台湾漁船に放水し、それに対抗して同行していた台湾の巡視船も日本の巡視船に向けて放水した写真を掲載した。この漁船団には、台湾のテレビ局が同行しており、生中継で放送した。

台湾の漁港・漁業開発は日本植民地期におこなわれたものがあり、沖縄漁民とも密接な関係にあった。尖閣諸島周辺で、戦後も協力して漁業活動をおこなっていたという証言記録がある〔尖閣諸島文献資料編纂会二〇一〇—一五〕。

日本、中国、韓国とも、領土問題や「慰安婦」問題を国連総会などで主張し、アメリカの新聞に広告を載せるなど国際的に訴えた。中国は韓国に対日で「共闘」を呼びかけたが、両国間で黄海（韓国名、西海）の暗礁の領有問題や漁業権などの問題があったため、韓国が警戒して一線を画した。中国と韓国との東シナ海の暗礁をめぐる対立では、二〇一一年に韓国海洋警察隊員が中国漁船員に刺されて死亡し、翌一二年に中国漁船員が韓国海洋警察のゴム弾にあたって死亡した事件がおこっていた。また、一〇年一二月に、黄海で中国漁船が韓国海洋警察の警備艇に体当たりして転覆し、漁船員五人のうち一人が死亡、一人が行方不明になった事件がおこっていた。中国漁船は南シナ海にも進出し、領有権問題がないとされるインドネシアなどでも問題になっていた〔防衛省二〇一五〕。

アセアンも、南シナ海をめぐる中国との領有権問題に警戒を強め、フィリピンは九月一二日、スプラトリー諸島を含む海域を「西フィリピン海」と正式に呼称することを定めた行政令を公布した。

中国の反日運動は、九月一八日をピークに五〇とも一〇〇カ所ともいわれ全土各地に広がった。参加者が数万に達したところもあった。想定を超える規模、暴徒化について、「朝日新聞」の報道は事実を伝えようとするだけで、中国人の怒りにたいして日本人はどう対応すればいいのかを考えるような記事はあまりなかった。

中国のマスコミが事実を伝えていない、という批判もあった。「中国の政治報道は言うまでもなく、非常に閉ざされている。指導者の動向など自由に書ける記者は一人としていない」〔吉岡二〇一七：四七〕のであれば、日本のマスコミの役割を考えるようなものがあってもよかったのではないか。日本、中国、韓国のマスコミ間の対話も必要で、中国のマスコミが体制から自由でないというのであれば、なおさら日本のマスコミの役割は大きいはずである。だが、その日本は国境なき記者団（国際NGO）による二〇一七年の「報道の自由度ランキング」では、世界一八〇カ国・地域のうち七二位で、主要七カ国（G7）では最下位で、中国は一七六位だった（「朝日新聞DIGITAL」二〇一七年四月二六日）。

シンガポール

The Straits Times が、東京都が尖閣諸島の購入を検討し、それにたいして日本政府が国有化するに至った過程、そして国有化後の中国と台湾の反日デモの様子を大きな写真とともに伝えたことは「朝日新聞」の報道と変わりないが、特徴的なのは南シナ海の領有権問題や歴史問題と絡めたこと、シンガポール政府が国際法をもとに中立性を強調したことであった。また、事実関係を伝えるだけでなく、日中、日韓関係をめぐる論争が紙上でおこなわれた。

二〇一二年八月一七日ウィリアム・チョンの「古傷が新しい関係の障害になる」と題したコメントにたいして、九月六日在シンガポール日本大使館の井関至康《よしやす》参事官が、戦争にたいしての謝罪、「従軍慰安婦」、竹島問題にかんして反論した記事を掲載した。その記事にたいしてすぐさまアルバート・タイが八日の紙面で、まず井関は日本帝国軍が朝鮮の植民地化、中国や東南アジアの侵略でおこなった残虐行為や恐るべき犯罪について充分に理解していないと述べ、いわゆる謝罪が良心の呵責より少ないことは毎年政府関係者が靖国神社に参拝し、歴史教科書が書き換えられることからもわかることで、領土問題も歴史的文脈で考えるべきだと主張した。さらに、日本の誠実さに疑いがあり、日本はドイツの和解への努力から学ぶべきだと述べて記事を結んだ。このドイツに学べということは、八月二三日のチョンの「日本はアデナウアーを模範とすべき」でも述べられており、九月八日のタイの記事の下に、井関の再反論「戦後賠償——日本とドイツを比較するのは間違い」を掲載した。アデナウアー(一八七六—一九六七)は、旧連合国との和解に努めた西ドイツ連邦首相(在任一九四九—六三)で外相も兼任(在任一九五一—五五)した。日独の違いはわかっても、和解への結果をともなわない反論は説得力に乏しく、日本大使館員の反論は少なくとも The Straits Times の紙面に反映されることはなかった。

The Straits Times では、尖閣諸島は七世紀から中国領とした記録があり、一八九五年に日本が領土として編入したが、一九四三年のカイロ宣言、四五年のポツダム宣言で日本の敗戦後に返還すべき領土の一部とされ、七〇年代になって中国と台湾が領有権を主張するようになった、という論調を何度か掲載した。九月二八日の「OPINION」欄には、上級記者のチン・チョンの記事「係争中の島じまは歴史的には中国側に分がある」を掲載し、「琉球列島でさえ日本領ではない」と主張した。

九月一二日には、一面トップで日本が係争中の島じまを購入したことで、緊迫した状態になることが伝えられ、中国と台湾での反日デモの様子だけでなく、一五日には日本の海上保安庁の巡視船と中国の「海監五一」が併走する写真を掲載した。

中国での反日デモが大規模化、暴徒化していった一五日、台湾人を父、ベトナム人を母に台湾で生まれたあと日本で教育を受け、二〇年間東京のフランス大使館で働いたという元外交官のフランス国籍のヨージョン・チェンが「日本とその隣人たち：敬意の問題――日本人は西洋に示した敬意をアジアの隣人たちにも与える必要がある」を掲載した。この記事には、つぎのようなことが書かれていた。七月三日のロシア首相メドヴェージェフの南クリール諸島(千島列島)国後島訪問、八月一〇日の韓国大統領李明博の独島(竹島)上陸につづいて、尖閣諸島国有化に関連した中国の反日デモで、日本人は近隣諸国との領土問題でいかに外交力がないかを思い知らされ、近隣諸国の無礼さに当惑していることだろう。日本の外交力が急になくなったのは、二つの要因がある。ひとつはあまりにアメリカに依存しすぎたためであり、もうひとつは伝統的なアジア蔑視のためである。日本が一九九〇年代に国連安全保障理事会の常任理事に意欲を示したとき、アメリカは理事会で投票権をふたつもつことになると揶揄されたように、あまりのアメリカ依存はほかの国ぐにから尊敬されない。日本の伝統的アジア蔑視は、対等な関係を望むほかのアジア諸国の不満の種であった。二〇〇八年の調査によると、「東南アジアにとってもっとも重要なパートナー」はどこかという質問にたいして、シンガポール人は、中国と五七・八%が答えたのにたいして日本はわずか三・六%だった。マレーシア人は三九・二%対二五・八%、タイ人は四二・七%対二五・三%、ベトナム人は一六・五%対四二・七%、フィリピン人は八・六%対三二・七%、インドネシア人は一二・八%対三七・九%であった(ここで示されたアンケート結果は、「はじめに」で示した日本の外務省のホームページにある「対日世論調査」の結果とずいぶん違う)。一九八〇年代にフランスが日本の教育について調査したとき、エリート校の学生がフランス文化、英文学、アメリカ政治についてほぼパーフェクトに理解していたのにたいして、驚いたことに日本がアメリカ、アジアと戦争をしたことさえ知らない日本の若者がいた。アジアの一員であるという意識さえないような状況で、日本はアジアの人びとと互いに尊重しあえない、と論じた。

反日デモがピークになった九月一八日の翌一九日には、一面トップで湖南省衡陽市の大通りを人びとが埋め尽くして穏やかに行進している写真を掲載した。旭日旗に「釣魚島を取り戻せ」「日本製品ボイコット」と書いたプラカードに混じって毛沢東の写真が掲げられていた。日本の反中デモで掲げられた「尖閣諸島は日本のもの！　中国の侵略を止めろ!!」の写真も小さく載った。中国の日系企業への影響、貿易への影響を心配した記事も載るようになった。毛沢東が登場した背景として中国の現政権の弱腰を批判する意味があり、デモが反政府活動に結びつくことを警戒して、中国政府が沈静化に乗りだしたと解説した。

九月二四日の「OPINION」欄では、「南シナ海での中立」が上段に載り、下段に上級記者チョンの「隣人間の敬意と歴史」を掲載した。二〇〇二年にアセアンと中国とのあいだで合意した「南シナ海問題における関係国の行動宣言」を「行動規範」に発展させることが急務であると主張された。下段では、中国、日本の双方に注文をつけた。中国は日本の中国への援助と貢献をもっと市民に知らせるべきだ。それにたいして、日本はアジア、とくに中国が求めているものにもっと気を遣うべきだ。日本の指導者によるこれまでの謝罪は誠意を欠いており、指導者の靖国神社参拝を止められないし、戦争にかんする教科書記述の修正を許している。アキヒト天皇が一九九二年の中国訪問で述べた、日本が中国で犯した残虐行為にたいする「深く悲しみとする」ということばは、和解へ向かうより「政治的演出」と捉えられた[8]（「天皇皇后両陛下　中華人民共和国ご訪問時のおことば」）。日本の謝罪は行動となってあらわれて

風刺画5　*The Straits Times*, 24 September 2012

いない、と理解されていることがわかる。同二四日には、戦争にならないことを願うとともに、日中共倒れになることを警告する風刺画を掲載した(風刺画5)。

「OPINION」欄につづいて、つぎのページに東南アジア研究所客員研究員のマイケル・リチャードソンの記事を掲載した。リチャードソンは、中国の海洋進出は、東シナ海より南シナ海のほうが潜在的には大きな問題になると指摘し、つぎのように解説した。中国は日本にたいして経済的報復をおこなっており、同じように南シナ海で領有権を争っている国ぐににおこなったなら、その影響は日本より深刻になるだろう。東南アジアの国ぐにのほとんどで、中国は貿易相手国一位になっている。また、東南アジアには二〇〇〇万人の華僑がおり、そのほとんどが居住国の国籍をとって暮らしているが、中国への忠誠心やアイデンティティが試されることにもなるだろう。

二五日の「OPINION」欄には、元外交官のチェンが再び寄稿し、「国有化」ということばが中国で誤解を生んだために、中国人の怒りを買い、大規模な反日デモにつながったと分析し、つぎのように説明した。中国では「国有化」を日本による「占領」「強奪」と理解したが、日本政府の狙いは、「好戦的愛国主義者」の東京都知事石原慎太郎が所有者から尖閣諸島を購入して漁船の避難港などを整備しようとするのを阻止することにあった。国が購入することによって、日本人も近づけないようにし、問題を棚上げにしようとしたのである。しかし、まずそのことを中国政府に理解させることができなかった。あるいは、中国側は理解しても、政権の変わるこの時期に政府の力強さを示す絶好の機会として政治的に利用した。いずれにせよ、日本の外交力のなさが、ここまで問題が悪化した原因のひとつであることは確かであろう。

フィリピン

Philippine Daily Inquirer は九月三日に日本がフィリピンに警備艇を供与するという記事を掲載し、六日に中国がアメリカのヒラリー・クリントン国務長官に南シナ海の航海の自由を約束したことを報じた。五日ベニグノ・アキノ三世大統領(一九六〇—、在任二〇一〇—一六)はフィリピン諸島西部の海域を「西フィリピン海」と命名する行政命令に署名し、一二日に公布した。尖閣諸島の国有化をめぐる問題が顕在化する数カ月前に、二〇〇五年には蜜月といわれていたフィリピンと中国との関係があやしくなっていた。一二年四月、中沙諸島のスカボロー礁付近で中国漁船を検問したフィリピン海軍艦艇が、漁船内に絶滅危惧種のサンゴやシャコ貝を見つけ検挙しようとしたところ、中国監視船二隻があらわれ、一カ月以上双方が対峙した。

九月一二日には、東京都が尖閣諸島を購入しようとしていることにたいする抗議が中国でおこっていることを写真付きで報道し、尖閣諸島に中国の監視船が派遣されたことで、スカボロー礁付近でおこったことが再現されると指摘した。一四日の一面トップでアメリカの国会議員が中国が近隣諸国を島じま等の領有権でいじめていると発言したと伝え、その横にフィリピン沿岸警備隊がマニラ湾に面したアメリカ大使館をテロリストから守る訓練をした写真を掲載した。翌一五日には、中国は尖閣諸島にたいして石油埋蔵の可能性がわかった後の一九七〇年代になって関心を示したにすぎないと、日本寄りの記事を載せた。

その後、九月一八日の満洲事変記念日に向けて中国の反日デモが激化し、経済的影響が出て日本の工場や商店が閉鎖されたが、一八日を境に沈静化していったことを伝えた。また、一八日には駐中国のアメリカ大使の車が約五〇人の中国人に取り囲まれて車が壊されたこと、反日デモは自発的なものもあったが政府が後押ししていたこと、日本政府がデモ隊によって壊されたりした損害を中国政府に要求したことなどを、伝えた。

二三日には、広告抜きの一面全部を使って、フィリピン大学アジアセンターでおこなわれたワークショップなどをもとにまとめた白書の要約「西フィリピン海を管理する」を掲載し、領有権、水産資源、石油・ガスなど天然資源にたいする提言をおこなった。

インドネシア

The Jakarta Post では、事実経過より日中韓の対立を客観的に捉え、インドネシアがどういう態度をとればいいのかを考えさせるような記事を掲載した。九月二日に、バンコクの *The Nation* のつぎのような内容の記事を転載した。日中韓の対立にナショナリズムが使われ、危険な状況になっている。貿易の自由化をめざして話しあってきたのに、日中韓の対立で先がみえなくなった。二年前の尖閣諸島をめぐる対立で勝者はなく、日中双方で貿易量が減少して損をしただけだった。アセアンの経済的繁栄は三国の関係にかかっている。

九月四日、ジャカルタの戦略国際学センター長のリザル・スクマは、アメリカ、中国、日本、インドの四大国の、競争ではなく協力が地域の秩序にとって重要だと主張した。同日、香港を本拠とするジャーナリストのフランク・チンは、戦後七〇年になろうとしているのに降伏記念日に靖国神社に参拝する政治家がいるなど、日本はかつて侵略したり占領したりした国ぐにから信用されていない、政権が頻繁にかわり指導者がいないことで満足な外交がおこなわれず長期政権が成立しないかぎり問題の解決は難しい、など日本側の問題を挙げた。九月六日には、ハーヴァード大学で国際関係論を専門とするジョセフ・ナイの記事「海をめぐるアジアのナショナリズム」を掲載した。

The Jakarta Post は、台湾の動きも伝えた。馬英九総統（一九五〇―、在任二〇〇八―一六）が九月七日に台湾本島から尖閣諸島に向かう途中にある彭佳嶼をヘリコプターで訪問し、東シナ海平和イニシアチブの「推進綱領」を発表したと、翌八日に報じた。馬英九は、日本政府が尖閣諸島の国有化の方針を発表した後、八月五日にすでに「東シナ海平和イニシアチブ（東海和平倡議）」を発表し、「主権はわが国にあり、争議を棚上げ、和平互恵、共同開発」という台湾の立場を明らかにした。台湾は、国有化前に日本に警告し、国有化後に激しく抗議した［浅野二〇一二：二〇―二二］。九月一六日には、台北の *The China Post* 紙の記事「アメもムチも欠く」を掲載し、日中両国のあいだでの台湾の弱い立場を論じた。

九月一七、一九日には中国の反日暴動の様子、二四日には日本の反中デモ、二五日には日中の監視船のにらみ合い、二六日には日台の監視船の放水合戦を大きな写真とともに報じた。二

風刺画 6　*The Jakarta Post*, 22 September 2012

二日には風刺画も掲載された(風刺画6)。

二六日には、インドネシアの外務大臣マーティ・ナタレガワが、日中双方に東シナ海の問題を平和的に解決するよう促した、と報道した。ナタレガワは、外交チャネルでうまくいかないときは、非公式協議も必要だと助言した。そして、二九日にはガジャマダ大学講師のイ・マデ・アンディ・アルサナが「南シナ海問題におけるインドネシアの立場」を寄稿し、つぎのように述べた。インドネシアはマレーシアと一九六九年、ベトナムと二〇〇三年に海の境界のとりきめをしたが、ほかの国とはしていない。ナトゥナ諸島の排他的経済水域(EEZ)と中国の九段線(U字線、牛舌線)とが重なる部分があり、中国に問い合わせたがなんら回答がなかった。九段線は、中国が一九五三年から南シナ海ほぼ全域にわたる権利を主張するために地図上に引いた九つの線を示す。二〇一〇年にナトゥナ諸島沖でインドネシアは中国漁船を拿捕しようとしたが、中国の監視船に阻まれた。インドネシアは南シナ海の領有権問題と直接かかわりがないが、かかわらざるをえない状況にある、と記事を結んだ。

そして、一〇月七日には、バンコクの *The Nation* 紙のカウィー・チョンキットターウォーンの記事「中日対立はアセアンに影響をもたらす」を転載した。つぎのような内容だった。中日二国がことばを交わすたびに、アセアンは気が滅入ってしまう。中国は日本にたいするように、アセアンとの領土問題にも臨んでくるのだろうか。二〇〇五年以前は、アセアンは中日のライバル関係をうまく利用してきた。いまや、中国と日本はアセアンにとって部外者ではない。アセアン+3や東アジアサミットは、重要な討議の場になっている。

タイ

The Nation では、二〇一二年九月四日に YaleGlobal 香港発のフランク・チンの記事を掲載した。YaleGlobal はイェール大学のグローバル化研究センターが発行するオンライン・マガジンである。「東アジアの古傷が開いた」というタイトルのこの記事では、日本の弱体化が中国や韓国のナショナリズムを掻きたて、アメリカにとって頭の痛い「日本問題」になっていることを指摘し、解決のためには日本の政権がまず安定することだと解説した。

九月三、四、六、一〇、一二日に、小さな島じまからなる尖閣・釣魚諸島の大きな写真とともに、東京都が購入しようとした島じまを日本政府が購入し中国で反日暴動がおこっていることを伝えた。だが、中国の反日デモの写真は掲載せず、一九、二三日には日本の反中デモの大きな写真を掲載した。写真がないこともあり、中国の反日デモの様子はあまり伝わってこない。中国が監視船を諸島近海に送っただけでなく、台湾からも抗議の船が出て日本の海上保安庁の巡視船と放水合戦をした写真など、船の写真が一九、二五、二六、二七、二九日に掲載され、緊迫した様子が伝わってくる。日本の諸島の国有化にかんする、タイ人の反応や意見などはない。

歴史問題と違い、領有権をめぐる問題は、自国の領土問題ともかかわってくるため、慎重な報道をせざるをえない。タイは、カンボジアとの国境にあるプレアヴィヒア寺院の帰属をめぐる問題を抱えている。プレアヴィヒア寺院は、一九六二年にハーグの国際司法裁判所でカンボジア領と認められたが、帰属未確定部分を残していた。二〇〇八年にタイがユネスコ世界遺産登録を申請したことで問題が再発し、両国が軍隊を派遣して双方で市民を含む数名の死傷者がでた。一一年にも交戦状態になり、双方で市民を含め数十人の死傷者がでた。両国軍が撤兵した一二年七月に、野田首相が尖閣諸島の国有化を表明した。

マレーシア

New Straits Times でも、尖閣諸島の国有化とそれをめぐる中国との対立について、外国通信社の記事や解説を掲載するだけで、マレーシア政府およびマレーシア人の声はなかった。唯一の例外は、二〇一二年九月二〇日に掲載された元首相マハティールの「COMMENT」で、マレーシアがいかに近隣五カ国(シンガポール、タイ、ブルネイ、インドネシア、フィリピン)との領土争いに対処し、戦争を回避してきたか、つぎのように説明した。まず、一九六一年にタイ、フィリピンとマラヤ連邦でASA(東南アジア連合)を結成し、六七年にアセアンを結成したのも紛争を解決するためだった。マレーでは「互いを知らなければ、互いを愛せない」ということばがあるように対話を重ねて問題を解決してきた。解決できない場合は、国際法廷の裁可を仰ぎ、結果に不満があっても受け入れるべきだ。戦争で勝者がいないことを銘記すべきだと述べ、日中韓に冷静な対応を求めた。

ベトナム

Việt Nam News は、共同通信社の記事を中心に事実を伝えるだけで、ベトナム独自の見解はなかった。二〇一〇年の日本の巡視船と中国漁船の衝突事件のときと同様に、詳細に報道しなかった。

カンボジア

The Cambodia Daily では、ロイター東京発を中心に中国の反日デモを伝え、*The Wall Street Journal* を中心に解説記事を掲載し、「The Asahi Shimbun The Guardian The Observer Le Monde」共同の朝日新聞の記事も掲載した。自動車産業など日本経済に影響を与え、スポーツ交流にも支障が出たことを伝えた。九月二二―二三日には *The Economist* の記事で、ヨーロッパからの視点で解説するなど、客観的に理解できるものを掲載した。なかには日本も中国も国益を重視するあまり、こんなちっぽけな無人島や岩礁の支配をめぐって戦争などしないだろう、となかばあきれた論調もあった。

カンボジア独自の記事はあまりないが、九月六日に七月の臨時アセアン外相会議で、議長国カンボジアがアセアンの利益より中国の利益を優先したために、共同声明が採択されなかったことにたいして、ほかのアセアン加盟国だけでなく、カンボジアへの「長年の援助供与国」の日本が批判したことや、中国はその見返りに五・二三億ドルの援助、借款を提供したことを報じた。九月一四日には、アセアンは南シナ海問題のための「行動規範」についての議論を再開し、二〇一五年末の経済共同体の設立に向けて準備をすすめている記事を掲載した。

ミャンマー

The New Light of Myanmar は、九月七日にロイター成都発の記事で、具体的な理由を示さず日

中外交問題で、中国の日本車販売に影響が出ていることを報じた。一週間後の一四日には日本政府が日中双方が領土を主張している東シナ海の島じまを購入しようとしていることから、中国では自動車や電気製品などの日本商品のボイコットがおこり、北京の日本大使館前に少なくとも一〇〇人が抗議に集まったと報じた。翌一五日には、ロイター東京／北京発で、二〇一〇年に中国漁船が日本の海上保安庁巡視船二隻に衝突して以来、無人の諸島の領有権争いで日中間の緊張が高まっており、その原因は日中双方の国内問題や一九三〇―四〇年代の日本の中国侵略などが絡んでいると解説した。

＊＊＊

日本の尖閣諸島の国有化やそれにたいする中国の反応より、東南アジアへの影響を論じる記事が増えた。もはや日本と中国のそれぞれの国内政治のための主張からくる二国間関係を第三者の目で眺めるだけではなく、両国の争いの火の粉が確実に降りかかってくる当事者の視点に変わった。地域の利益のために、日中間の問題を解決する手段として、非公式会談を重ねて解決の糸口を見出すアセアンウェイを助言するものもあった。日本にたいしては、伝統的なアジア蔑視を批判し、互いに尊重しあう姿勢を求めた。

また、民主化に向かうミャンマーの記事が、ほかのアセアン諸国と共通のものになってきた。ミャンマーは一九八八年に学生らによる大規模な反政府デモを弾圧し、軍政を強化して以来、民主化がすすまなかった。九七年のアセアン加盟後もあまり変わりなく、民主化勢力の指導者アウンサン

表 3-1　東南アジア国別防衛費 2000-09 年(100 万アメリカドル)

年	2000	2001	2002	2003	2004	2005	2006	2007	2008	2009
シンガポール	4,800	4,400	4,600	4,700	5,102	5,570	6,400	6,321	7,660	8,230
インドネシア	1,500	878	6,600	6,400	7,730	2,470	2,590	10,300	3,400	3,500
マレーシア	2,800	3,300	3,400	2,400	2,742	2,470	3,080	3,206	4,180	4,030
ミャンマー	2,100	1,100	3,000	6,260	5,265	6,230	6,230	6,920	7,540	8,160
フィリピン	1,500	1,100	1,600	783	825	837	909	909	1,420	1,160
タイ	2,500	1,900	1,800	1,930	1,954	2,020	2,130	2,275	4,290	5,130
ベトナム	950	2,400	2,400	2,900	2,781	3,150	3,430	3,439	2,900	2,800

出典：[Roberts 2012：157]

スーチーは、八九年以来繰り返し自宅軟禁状態に置かれ、二〇一〇年にようやく解放された。翌一一年三月に民政移管し、民主化がすすみはじめ、一四年にはじめてアセアン議長国を務めた。ミャンマーの民主化には、アセアンの粘り強い交渉が重要な役割を果たした。〇四年に、ミャンマーの民主化問題に提言をすることを目的とした「アセアン・ミャンマー議員連盟」が加盟国の国会議員の有志によって結成されるなどした。アセアン諸国にとって、ミャンマーは欠かせない一員であり、ミャンマーの安定はアセアン地域の安全保障にとって重要であると認識していた[Roberts 2012: 127-146]。

二〇一五年一一月の総選挙で民主化勢力が圧勝し、翌一六年三月からアウンサンスーチー国家顧問兼外相を中心に政権を担っているが、相変わらず軍の力は強く、西部ラカイン州の少数民族でイスラーム教徒のロヒンギャ人にたいする迫害がつづいている。かつてロヒンギャ人はビルマ原住諸民族のひとつとみなされていたが、軍は「国民」として認めていない。アセアンでは、世界最大のイスラーム教徒を抱え、長年アチェ独立運動と対峙したインドネシアなどが交渉に乗りだしている。

ミャンマーの報道の民主化によって、アセアン加盟一〇カ国の共通認識の場として、新聞の役割が大きくなった。だが、いっぽうで、本書で用いた *The Cambodia Daily* は、政権に批判的な内容を載せるとして、事実上支払い不可能な数億円の税の支払いを要求されて、二〇一七年九月四日に廃刊に追い込まれた(「朝日新聞」二〇一七年九月五日)。

表3-1のとおり、アセアン各国は経済成長のわりに防衛費をあまり増やしていない。とくに中国と南シナ海の島じま等の領有権問題を抱えるフィリピンとベトナムで増えていないことがわかる。フィリピンは二〇〇〇年の一五億ドルから〇九年には一一・六億ドルに減少している。ベトナムは二〇〇三年の二九億ドルから〇九年の二八億ドルまで三〇億ドル前後であまり増減がない。そして、〇九年の防衛費を比較してみると、フィリピンとベトナムがシンガポールの八二・三億ドル、軍事政権のミャンマーの八一・六億ドル、タイの五一・三億ドル、マレーシアの四〇・三億ドル、インドネシアの三五億ドルより少ないことがわかる。アセアン諸国にとって、近隣諸国との友好関係をはじめ、防衛費を増やさずに地域の安全保障を確保することが重要になっていることがわかる。

なお、南シナ海の紛争を防ぐ「行動規範」について、二〇一七年八月六日、マニラで開催された中国とアセアン外相との会談で承認されたが、中国主導で法的拘束力が明記されず骨抜きにされた。

3　崩れるパワーバランスとアメリカの介入——二〇一三年安倍首相の靖国神社参拝

二〇一二年一一月一五日、中国共産党中央委員会第五代総書記に習近平（一九五三―、主席在任二〇一三―）が就任し、中華人民共和国の最高指導者となった。日本では、一二月一六日の総選挙で自由民主党が圧勝し、二六日安倍晋三が内閣総理大臣に就任した。九月一四日党総裁選挙候補者による共同記者会見で〇六―〇七年の「首相在任中に（靖国神社に）参拝できなかったことは、痛恨の極みだ」と述べ、〇八―一二年に五年連続八月一五日に参拝していたことから、中国や韓国との関係悪化が懸念され、実際、就任後の中国、韓国との関係は冷え込んだ。

安倍は首相就任後、春季例大祭、秋季例大祭に真榊の奉納、終戦記念日に私費で玉串料を奉納するなどに留め、靖国神社参拝を見送ったが、就任後ちょうど一年たった二〇一三年一二月二六日、モーニング姿で神社本殿に参拝した。境内にある全世界のすべての戦没者を慰霊する「鎮霊社」にも参拝し、「恒久平和への誓い」と題した談話を日本語、英語、中国語、アラビア語、フランス語、ドイツ語、韓国語、ロシア語、スペイン語の九カ国語で発表した。靖国神社に関係する部分は、つぎのとおりである[9]。

> 靖国神社への参拝については、残念ながら、政治問題、外交問題化している現実があります。
>
> 靖国参拝については、戦犯を崇拝するものだと批判する人がいますが、私が安倍政権の発足した今日この日に参拝したのは、御英霊に、政権一年の歩みと、二度と再び戦争の惨禍に人々が苦しむことの無い時代を創るとの決意を、お伝えするためです。
>
> 中国、韓国の人々の気持ちを傷つけるつもりは、全くありません。靖国神社に参拝した歴代

の首相がそうであった様に、人格を尊重し、自由と民主主義を守り、中国、韓国に対して敬意を持って友好関係を築いていきたいと願っています。

中国や韓国が猛反発し強く抗議したのは、小泉首相が参拝した二〇〇一—〇六年と変わりなかった。前夜に連絡を受けた韓国は、参拝前の一二月二六日午前に外交ルートを通じて抗議した。中国は新華社通信を通じて速報し、駐中国の日本大使と外務省に抗議した。二六日は毛沢東生誕一二〇年の祝賀行事がおこなわれていた。台湾外交部も二六日に批判する談話を発表し、北朝鮮は二八日夜の定時放送で批判した。

しかし、今回は近隣諸国の批判に留まらなかった。アメリカは在日アメリカ大使館を通じて「日本の指導者が近隣諸国との緊張を悪化させるような行動を取ったことに、米国政府は失望している」という声明を発表した。アメリカは、一〇月に訪日したケリー国務長官とヘーゲル国防長官が、千鳥ヶ淵戦没者墓苑を訪れ、「暗黙のメッセージ」を送っていた。また、バイデン副大統領は一二月三日に安倍首相と会談したとき、「中国ともめないでほしい」と釘を刺したばかりだった。その数カ月前の四月に麻生副総理は、バイデンと会談した直後に靖国神社に参拝していた。

イギリスのメディアは、一二月六日に成立、一三日に公布された「特定秘密の保護に関する法律」(特定秘密保護法)と絡めて、安倍政権の右傾化を指摘した。アメリカのメディアも、あいついで「戦前の帝国への懐古」や「危険なナショナリズム」などと評して非難した。「朝日新聞」は二七日の夕刊で、ＥＵもロシア外務省も相ついで二六日に声明を発表したと伝えた。ＥＵの外交安全保障上級代表の報道官は、「東アジアの不安定化につながりかねない」と懸念を示した。ロシアの声明は、「過去の歴史を正しく理解することは、日本と近隣諸国が今日、関係をつくる上で重要な基礎となっている」と指摘し、そのうえで「第二次世界大戦の結果を巡り、世界で受け入れられている評価から日本社会を離れさせようとする試みが強まっている」という、北方領土問題を意識したものだった。安倍首相が「戦後レジーム（体制）からの脱却」を掲げ、東京裁判を「連合国側の勝者の判断による断罪」と公言していることと関係しているものと思われる。

小泉首相が最後に首相として靖国神社に参拝したのが、二〇〇六年八月一五日だった。それから七年がたって、日本の靖国神社参拝の意味も変わってきたことが、「朝日新聞」の一三年一二月二八日の記事からわかる。アメリカと中国の国力の差が縮まり、日米韓の結束が東アジアの安全保障にかんして、以前にも増して重要になってきていた。ロシアは、ソ連解体後バルト三国などEU寄りになる国が出てくるなか、「ソ連の役割をファシスト国家のナチス・ドイツと日本から、欧州とアジアを解放した立役者と位置づける」歴史観の見直しに危機を感じるようになってきていた。ロシアにとって、靖国神社はファシスト軍国主義の象徴で、ともにファシストと戦った中国と共有するものがある。日本の首相の参拝を「戦後国際秩序への挑戦」とする中国の批判とも同調できる。第二次世界大戦後の世界秩序を築いてきたということでは、ソ連、中国もアメリカ、イギリスも同じ連合国の立場にあった。その意味で、日本の孤立化は避けようがなくなる。同じ二八日の朝刊には、「靖国参拝　米中韓が怒るわけ」と題した特集記事が組まれ、三人の識者による意見を掲載した［橋本二〇一六］。

国際的批判が強まるなか、中国の王毅外相は一二月三〇日、ロシア、ドイツ、ベトナム外相と電話で協議し、三一日には韓国外相との電話での協議を予定した。二〇一四年一月一日朝刊の「朝日新聞」は、王毅とロシアのラブロフ外相の協議を、つぎのように伝えた。

中国外務省(外交部)によると、王氏はラブロフ氏に「安倍首相の行為は世界のすべての平和を愛する国家と人民の警戒心を高めた」と指摘。その上で「世界の反ファシズム戦争に勝利した国、安全保障理事会常任理事国として、戦後の国際秩序の維持のため共同で対処する」よう呼びかけた。

これに対し、ラブロフ氏は「ロシアは中国の立場と完全に一致する」と述べ、首相の参拝に不満の意を表明。「日本が誤った歴史観を正し、地域の緊張を激化させる行動をとらないよう促す」と応じたという。

これまで首相の参拝がおこなわれるたびに、その解決策としてとりあげられてきた国立追悼施設の建設とA級戦犯の分祀について、菅義偉《すがよしひで》官房長官は、二〇一三年一二月二七日の記者会見で、追悼施設については取り組む考えがないことを示唆し、分祀については「靖国神社が決めること」として政府としての見解を述べることを避けた。安倍首相自身は、一月六日夜の俳優の津川雅彦主催の会合で、国立追悼施設をつくったとしても「戦争で亡くなった方たちのご家族はお参りしないだろう」と否定的な考えを示したという。津川は、一二年の自由民主党総裁選挙にさいし「安倍晋三総理大臣を求める民間人有志の会」の発起人を務め、「みんなで靖国神社に参拝する国民の会」「首相の靖国神社参拝を求める国民の会」の発起人も務めていた。

国際的な批判を浴びたにもかかわらず、それに善処しようという姿勢がまったくみえない安倍政権にたいして、中国や韓国は国際世論に訴えだした。アメリカやイギリスなどのメディアに訴え、一月二九日の国連安全保障理事会では北朝鮮も加わって日本を批判した。中国はネガティブキャンペーンを少なくとも五〇カ国で展開し、各国駐在の日本大使がそれに応酬した。

だが、日本政府および日本国民の危機意識はそれほどなく、二〇一四年一月二五、二六日に「朝日新聞」がおこなった世論調査(電話)では、首相の靖国神社参拝について賛成四一％、反対四六％、安倍内閣の支持率は五〇％だった。外国の批判を「重く受け止めるべきだ」は五一％、「それほどのことではない」は四〇％だった。宗教にかかわりのない追悼施設の建設については、賛成五〇％、反対二九％だった。

シンガポール

The Straits Times は、安倍首相靖国神社参拝の翌日、二〇一三年一二月二七日の一面下段で、修正主義者安倍が中国、韓国との緊張を高めたと報道し、八面には神官に導かれて参拝するモーニング姿の安倍の写真とともに東京支局員による解説と、北京の中国支局長の記事を掲載した。中国とは東シナ海の島じまの領有権、韓国とは「従軍慰安婦」や強制労働の問題で、冷え込んでいる関係がさらに悪くなると報じた。東京支局員は、朝日、毎日、日本経済新聞の報道を追った。中国支

局長は、毛沢東生誕一二〇周年の日に参拝したことで、中国人はインターネットを通じて怒りを露わにしていると伝え、憲法を改正しようとし、防衛予算を増額して中国人の警戒心を高めている安倍政権にたいして、日本製品のボイコットの呼びかけや紛争中の島じまへの監視船や航空機の派遣が増えるだろうと報じた。

翌二八日には、韓国でのデモの写真とともに、アメリカが「失望した」と表明し、日本のメディアも批判していると報じた。そして、安倍首相が戦後の平和主義から危険な方向に舵をきろうとしているという *The New York Times* の記事を載せた。二九日には、中国の日本製品ボイコットがネットを通じて広まっており、安倍の参拝は沖縄のアメリカ軍基地の問題にも影響を与えると報じた。三〇日には安倍が歴史教科書を書き換えさせようとしていることを、戦時検閲につながる特定秘密保護法と絡めて伝えた。シンガポール外務省も、遺憾に思うと表明した。

一二月三一日に、東京支局員が「OPINION」欄で、日本の右傾化がはっきりしたことを伝え、つぎのような例をあげた。天皇も外国の高官も訪れることがない靖国神社に首相が参拝することを、日本の若者は支持している。かれらは特攻隊のパイロットを描いた映画「永遠の〇《ゼロ》」に影響され、その原作者の百田《ひゃくた》尚樹は安倍首相によってNHK経営委員のひとりに任命された。百田がツイッターで、戦争がおこれば「九条信者〔護憲派〕を前線に送り出せ」と発信したという話も紹介した。

同じく三一日に、国立シンガポール大学公共政策大学院研究科長馬凱碩の「いかに中国と日本の戦争を回避するか」を掲載した。そのなかで、安倍首相は尖閣諸島を日本の民間機関か環境グループに「売り」、開発されていない自然の美しさを保ってもらってはどうか、と提案した。

フィリピン

Philippine Daily Inquirer は、安倍首相の参拝の翌日の一二月二七日に、神官に導かれる安倍首相の写真とともに、おもに中国の反発を伝えただけだった。

インドネシア

The Jakarta Post は、参拝の翌日の一二月二七日に一面のロイター東京発の記事で、神官に導かれる安倍首相の写真とともに中国と韓国が反発したことに加えて、アメリカが東アジアの近隣諸国との関係悪化を懸念していると、報じた。尖閣諸島周辺を中国機、監視船が横行し、軍事的衝突の心配があるとも報じた。さらに一一面でブルームバーグ東京発の記事で経済への影響を解説し、さらに中国は一一月二三日に尖閣諸島上空を含む防空識別圏を定め、日本では一二月六日に特定秘密保護法が成立したと報じた。三一日には、同日シンガポールの *The Straits Times* に掲載された馬凱碩の「いかに中国と日本の戦争を回避するか」を転載した。北京からの記事で、中国は安倍に中国政府と人民にたいして自身の過ちを認めるよう求め、韓国の朴槿恵大統領（一九五二―、在任二〇一三―一七）は二国間関係を悪化させないよう日本に抗議し、北朝鮮は安倍の参拝はアジアと世界にたいする「宣戦布告」に等しい行動だと非難したと報じ、東アジアがかなり緊迫した状況になったことを印象づけた。

タイ

The Nation は、二〇一二年一二月二六日に首相に就任した安倍の在任一周年を総括する記事を一三年一二月二五、二六日に掲載した。フランス通信東京発の二五日の記事で、経済優先のアベノミクスは一定の成果をあげているが、大胆な金融緩和の後遺症を懸念する声があり、政治的には特定秘密保護法、中国や韓国との関係など、難題山積であると解説した。翌二六日の「OPINION & ANALYSIS」欄の記事は、マクラッチー・トリビューン通信社の *The Diplomat* 誌のバークシャー・ミラーによるもので、一三年にアセアン一〇カ国を訪問した安倍外交を評価するとともに、それは多分に中国を意識したもので、中国や韓国との関係改善がすすまないなかでの代替的外交であったとした。また、同二六日には、ドイツ通信社東京発の記事で、安倍が平和憲法を改めようとしていることを、中国の「海監五一」と日本の海上保安庁の巡視船が併走する写真とともに伝えた。

安倍首相が靖国神社を参拝した翌日の一二月二七日に、参拝後に手を振る安倍の写真とともに、中国と韓国が抗議し、領土問題などにも影響することを伝え、ただでさえ悪い関係がさらに悪化するのは、小泉首相の参拝時と変わりないが、加えてアメリカがすぐにコメントを発したと伝えた。そして、その記事の右で、習近平が生誕一二〇年の毛沢東の廟を訪れたと伝えた。翌二八日には、フランス通信東京発の記事で、香港でデモ隊が日章旗を焼く写真と、韓国で日本製品ボイコットと書かれたプラカードを焼く写真の二枚を掲載し、抗議の激しさを伝えた。中国人にとって、安倍の参拝はテロリストやファシストと同様の行為で、北東アジアの不安定要因になることは確実だと報じた。三〇日には、*The Korea Herald* の「これからの良好な地域のために、日本は過去と向きあうべきだ」という記事を掲載し、近隣諸国の気持ちを害さないかたちで戦死者を敬う方法を見つけることが第一歩だと結んだ。

マレーシア

New Straits Times は、一二月二七日に神官に導かれて参拝する安倍首相の写真とともにＡＰ通信東京発の記事を掲載し、中国と韓国の反発に加えてアメリカの憂慮を伝えた。同日の紙面には、香港をベースとしているジャーナリストのフランク・チンの「アセアンは日本と中国の外交を歓迎している」を掲載し、日本、中国のアセアン重視の外交を歓迎し、経済的にともに重要な両国のどちらかにアセアンが与することはないと解説した。

マレーシアのアセアン重視の姿勢は、三一日の紙面にもあらわれた。外国編集者のカマルルザマン・サラは、ナジブ首相（一九五三―、在任二〇〇九―）が「アセアン人としていい働きをしている」という記事を寄せ、アセアンの元事務局長のアジット・シンのことばを引用して、アセアンは対話を重視してアセアン内の国境・領土問題に対処してきたように、中国とも国境、南シナ海問題で対話を重ねて紛争化しないようにすることは、アセアンにとっても中国にとっても平和と安定のための利益になる、日中間のような関係にしたくない、と述べた。

二〇一四年六月二五日、*The Wall Street Journal* 電子版は「マレーシアと中国間に目立たぬ領海紛争」を掲載した。マレーシアも中国と南シナ海の領有権問題を抱えているが、「両国が互いに遠く離れていることと、相互に強い経済的結びつきがあることの二つが要因」となって、両国関係は損なわれていないと解説した(10)。

ベトナム

Việt Nam News は、一二月二七日に共同通信東京発で安倍首相の靖国神社参拝、それにたいする中国と韓国の反発を写真抜きで伝えただけだった。

カンボジア

The Cambodia Daily は、一二月二七日にロイター東京発、三〇日に朝日新聞東京発、三一日にロイター北京発の記事を掲載し、中国、韓国に加えて、アメリカも安倍首相の靖国神社参拝を批判していることを伝えた。三〇日には神官に導かれて参拝する安倍、三一日には安倍の上半身の写真を掲載した。

ミャンマー

The New Light of Myanmar は、一二月二七日に共同通信東京発で、神官に導かれて参拝する安倍首相の写真とともに、中国や韓国だけでなくアメリカもアジアでの緊張が増すことに憂慮を表明したと伝えた。

＊　＊　＊

これらの報道から東南アジア各国は、日本と中国、日本と韓国の問題を、歴史問題、領土問題など二国間の個別の問題ではなく、地域の問題として複合的に捉えるようになっており、その根本に安倍首相をはじめとする日本の右傾化があるとみていることがわかる。また、アメリカが失望を表明したことをうけて、日本とアメリカとの関係を憂慮する報道がみられた。フィリピンやベトナムは、南シナ海の領有権問題で日本の協力を期待しているためか、あまり報道しなかった。

4　右傾化への危惧と中国への牽制としての期待——二〇一五年の平和安全法制成立

二〇一五年九月一九日、一般に安全保障関連法とよばれる法案が参議院本会議で可決、成立した。この法制は、「我が国及び国際社会の平和及び安全の確保に資するための自衛隊法等の一部を改正する法律(平成二七年九月三〇日法律第七六号)」(通称平和安全法制整備法)と「国際平和共同対処事態に際して我が国が実施する諸外国の軍隊等に対する協力支援活動等に関する法律(平成二七年九月三〇日法律第七七号)」(通称国際平和支援法)の総称で、平和安全法制関連二法ともよばれる。マスメディア等は、安全保障関連法、安保法制、安保法などとよび、日本共産党や社会民主党などは戦争法とよんだ。

五月一四日に安倍内閣が閣議決定し、翌日衆議院に提出、二六日衆議院本会議で審議入り、七月一五日衆議院特別委員会で可決、翌一六日衆議院本会議で可決、二七日参議院本会議で法案審議入り、九月一七日参議院特別委員会で可決、という経緯を経ての成立であった。この間、六月四日の衆議院憲法審査会で憲法学者が「違憲」と指摘したこともあり、疑念を抱く者が国会周辺を取り囲むなど、反対運動が広範囲に広がり、とくに学生など若者の参加が話題になった。朝日新聞社の世論調査では、六月二〇—二一日の最初の調査以来、九月一二—一三日の五回目の調査まで、法案に反対する者は五三%、五六%、五七%、五一%、五四%とつねに五割を超えたが、ほとんど変わらなかった。賛成も二九%、二六%、二九%、三〇%、二九%とほとんど変わりなかった。内閣支持率も、支持三九%、三九%、三七%、三八%、三六%、不支持三七%、四二%、四六%、四一%、四二%とほとんど変わらなかったが、不支持が支持を若干上まわるようになった。

初の戦後生まれの首相となった安倍は、憲法改正など「戦後レジームからの脱却」を掲げ、二〇〇六—〇七年の第一次安倍政権で集団的自衛権行使を可能にするための「安全保障の法的基盤の再構築に関する懇談会」を設置した。その後、行使容認に慎重な福田康夫が首相になったり、自由民主党が政権を失ったりしたために頓挫したが、一二年一二月に第二次安倍政権が成立し、一三年二月に「懇談会」を再設置、同年一二月に国家安全保障会議(日本版NSC)を内閣に設ける法、安保情報を漏らした公務員らへの罰則を強化した特定秘密保護法を成立させた。一四年四月に武器輸出三原則を撤廃、七月に憲法解釈を変更して集団的自衛権を認めることを閣議決定し、一五年二月に「国益重視」の政府開発援助(ODA)改革をおこなった。そして、同年四月にアメリカ軍を「平時から緊急事態まで」いつでも支援できるように日米ガイドラインを一八年ぶりに改定した。

「朝日新聞」は、九月二〇日に世界各国のメディア、識者、政府の反応をつぎのように伝えた。海外での日本の軍事的活動が拡大したことで、アメリカの政府やメディアは歓迎したが、フランス

の *Le Monde* 紙は電子版で「平和主義が終わる懸念」という見出しをつけて報じた。南シナ海の島じま等の領有権問題でアメリカの支援を期待するフィリピンの元外務次官は、日本軍の侵略を受けた経験から反発する声もあるとしながらも歓迎した。韓国外交部は「平和憲法の精神を堅持し、地域の平和と安定に寄与するよう、透明性をもって推進すべきだ」との論評を発表し、北朝鮮の問題があることから微妙な反応をした。それにたいし、中国外交部は「歴史的原因から日本の軍事動向には強い関心がある」とし、「日本の平和憲法の制限を打ち破るものだ」と批判した。

シンガポール

The Straits Times は、二〇一五年九月一七日の参議院特別委員会、一九日の本会議での可決を連日大きくとりあげた。第二次世界大戦後、はじめて日本の軍隊が集団的自衛権を理由に海外に派遣されるようになることにかんして、日本で反対する運動が何週間もつづきデモ隊が国会を取り巻いていること、戦後アメリカに押しつけられた平和憲法に違反する恐れがあること、アメリカは歓迎し中国は批判していることなど、事実関係を伝えた。二〇日には、Q&Aコーナーを設け、中国、韓国、フィリピン政府の反応をそれぞれの支局員が説明した。

そして、二五日「OPINION」欄で、日本のアジア地域への責任について厳しく問うた。記事の冒頭、中国は「第二次世界大戦後、日本が世界に向けて約束したことを破った」と論じ、韓国は「平和憲法の精神を維持するよう」求め、北朝鮮は「再侵略という時代錯誤の野心に警戒する」と非難しているとし、日本の再軍事化に北東アジアの国ぐにはかつての亡霊を思いおこしていると報じた。それは、第二次世界大戦中にアジアを欧米植民地支配から解放するという名目のもとに、侵略と占領をおこなった帝国日本の残虐行為を経験したマラヤ、シンガポールを含む東南アジアでも同じことがいえ、日本が地域の安定にどのように貢献するのか、透明性をもって示す必要があると指摘した。

シンガポールでは、独立直後から一九八〇年代前半まで、「常に未来を見て進む」という政府の方針で、学校ではほとんど歴史教育をおこなわなかった〔田村二〇一六：一六七〕。だが、今日、たとえば小学四年生用の指定教科書では「暗黒の時代を生きる」の見出しの下、日本軍の残虐行為が描かれ、中学二年生用の『シンガポール——国民国家の形成、一三〇〇—一九七五年』では「第五章日本占領は人びとのシンガポールへの見方を変えたか？」（六一—五五頁）で詳しく書かれている。シンガポールの若い世代は、「帝国日本の残虐行為」を日本占領期を経験した老人たちとともに考えることができるようになっている。

また、アセアンは社会・文化共同体をめざして、教育に力を入れており、アセアンそのものや各国の歴史・文化を互いに学び、知識や価値観を共有するようになってきている。日本占領期についても、ナショナル・ヒストリーを超えてアセアン地域の歴史として理解しつつある。

フィリピン

Philippine Daily Inquirer は、中国との南シナ海をめぐる紛争があることから、九月一九—二一日の三日間連続で法案の成立を伝えた。アメリカが歓迎し、フィリピンも一九日に歓迎の意を表し

た。アメリカと日本とともに、中国の脅威に立ち向かう必要があり、六月におこなわれた合同軍事演習を今後もつづけていく必要を指摘した。中国や南北朝鮮が日本占領時代を思いおこして警戒し、反発したと伝えたが、フィリピンでもそのような考え・動きがあることは伝えなかった。

　フィリピンでは、これまでも日本の再軍事化を懸念する風刺画が掲載されてきた［Yu-Rivera 2009］。*The Manila Times* に六月九日に掲載されたものも、そのひとつである（風刺画7）。

風刺画7　*The Manila Times*, 9 June 2015（VFA: Visiting Force Agreement 訪問アメリカ軍にかんする地位協定でフィリピンと日本が守られている）

インドネシア

The Jakarta Post は、九月一八、一九日に「World」欄トップで国会議場の混乱ぶりを伝え、写真とともに戦後七〇年間平和憲法を守ってきた日本が海外に自衛隊を派遣し武器を使うことを容認する法案を通過させたと、外国通信社の日本人名記者による記事で報じた。二一日の記事では、連日数万の老若男女が国会を取り巻き反対の意志を示したが、安倍内閣の支持率は八月半ばの四三・二％から三八・九％に低下しただけで、野党勢力は弱く、自由民主党内にも安倍首相のライバルはいないと解説した。

タイ

The Nation は、九月一八日フランス通信東京発の記事で、委員長を取り囲み与野党議員がもみあう写真とともに、中国や北朝鮮を念頭においた法案が参議院特別委員会で可決したことを伝えた。一九日の本会議で可決した翌二〇日には、国会前で抗議する子どもを含む市民の写真とともに、中国、北朝鮮が抗議し、韓国が理解を示しながらも平和憲法を護るようコメントしたと伝えた。

マレーシア

New Straits Times では、フランス通信東京発の記事で日本国内の混乱を伝えるとともに、アメリカに加えて近年軍事的協力を強化しているオーストラリアとフィリピンが法案の成立を歓迎したと報じた。

ベトナム

Việt Nam News では、九月一五—一八日にグエン・フー・チョン共産党書記長(一九四四—、在任二〇一一—)が公賓として日本を訪れていたことから、その成果を中心に報じた。安倍首相との首脳会談後に出された共同声明は、つぎの三点にまとめられた(11)。

・先方は、日本が歴史の教訓を得て平和・発展の道を歩み、地域の平和と発展に一貫して貢献してきたことを高く評価するとともに、日本が地域と世界の安全保障と発展に積極的に貢献することへの支持を表明。

・南シナ海での大規模な埋立てや拠点構築等、現状を変更し緊張を高める一方的行為の継続に対する深刻な懸念を共有。安倍総理は、ベトナムの要請を踏まえ、中古船の追加供与の決定を伝えるとともに、新造巡視船の供与については、早期実現に向けて双方で協議を続けていく旨を確認。

・拉致問題を含む北朝鮮問題、安保理改革についても意見交換し、東アジア地域包括的経済連携（ＲＣＥＰ）及びＴＰＰ交渉の早期妥結に向けた緊密な協力を確認。

中国と南シナ海をめぐる紛争があり、日本との友好・協力関係を維持する必要から、法案については九月一九日と二一日に、ともに共同通信東京発の記事で事実関係を伝えるだけで、批判的なものはなかった。

カンボジア

The Cambodia Daily は、九月二一日に *The Asahi Shimbun* の社説を転載して、法案の成立を伝えた。*The Cambodia Daily* は、*The Asahi Shimbun*、*The Washington Post*、Los Angeles Times News Service、共同通信から無料で配信を受けていた。

ミャンマー

The Global New Light of Myanmar は、九月一八、一九日に共同通信東京発で法案の成立を伝え、二二日にはフランス通信東京発の読売新聞社の調査で安倍政権の内閣支持率が四ポイント下がって四一％になり、不支持率は六ポイント上がって五一％になったと報じた。

二〇日には、近々オープンするタンビューザヤ鉄道博物館が、貴重な写真を展示していると報じた。日本軍がインドネシア、マレーシア、ベトナム、インド、ミャンマー（当時ビルマ）から集めた労働者八万人と、連合軍捕虜一万六八〇〇人が、一九四二年にタイからタンビューザヤまでの一七五マイルの死の鉄道（泰緬鉄道）建設に従事したと説明した。

＊＊＊

日本の再軍事化を懸念する国が多くみられたいっぽうで、アメリカとともに中国に立ち向かうために期待する国ぐにもあった。また、日本国内では半数以上の国民が反対の意志を示したにもかかわらず、安倍政権の内閣支持率はそれほど変わらず、右傾化する政権に国民があまり脅威を感じていないことが伝えられた。

二〇〇六年の小泉首相の靖国神社参拝から一三年の安倍首相の参拝までの七年間に、アセアン諸国（シンガポール、ブルネイ、ミャンマーを除く）と中国の一人あたりのＧＮＩ（国民総所得）は、表3-2のとおり大きく変わった。中国は二〇〇〇ドルから七三八〇ドルに三・七倍に増加し、アセアン各国もそれに負けず劣らず増加した。金額の多い順に、マレーシアは五六二〇から一万七六〇ドル、

表 3-2 東南アジア諸国(シンガポール，ブルネイ，ミャンマーを除く)・中国の1人あたりのGNI(米ドル)

年	インドネシア	カンボジア	タイ	東ティモール	フィリピン	ベトナム	マレーシア	ラオス	中国
2006	1,420	490	3,050	840	1,390	700	5,620	500	2,000
2007	1,650	550	2,660	1,520	1,600	770	6,420	610	2,410
2008	2,010	630	3,670	2,460	1,700	910	7,250	750	3,060
2009	2,230	690	3,780	2,020	1,860	1,000	7,340	890	3,650
2010	2,500	750	4,150	2,730	2,060	1,160	7,760	1,010	4,240
2011	2,930	800	4,620	3,340	2,200	1,270	8,800	1,110	4,950
2012	3,420	880	5,250	3,980	2,950	1,550	9,820	1,270	5,720
2013	3,630	1,020	5,370	3,120	3,470	1,890	10,760	1,650	7,380

出典：外務省経済協力局編『政府開発援助(ODA) 国別データブック』2001-15年，国際協力推進協会

一・九倍、タイは三〇五〇から五三七〇ドル、一・八倍、インドネシアは一四二〇から三六三〇ドル、二・六倍、フィリピンは一三九〇から三四七〇ドル、二・五倍、ベトナムは七〇〇から一八九〇ドル、二・七倍、ラオスは五〇〇から一六五〇ドル、三・三倍、カンボジアは四九〇から一〇二〇ドル、二・一倍に増加した。〇八年にアメリカの投資銀行であるリーマン・ブラザーズの破綻を契機に発生した世界的金融危機（リーマン・ショック）で減少した国は、東ティモールを除いてなかった。しかし、低賃金の労働力に支えられて経済成長した国ぐにも一人あたりのGDPが一万ドルを超えると成長が止まるという「中所得国の罠」にマレーシアはすでに到達し、中国も近づいてきている。

対日本輸出入貿易では、輸出比率でインドネシアが二〇〇七年の二〇・七％から一五年に一二・〇％に減少するいっぽう、フィリピンが一四・五％から二一・一％に増加したのが特徴である。輸入比率はお

おおむね各国とも減少傾向にあり、一五年の輸入額の多い順にタイは二〇・三%から一五・四%、シンガポールは八・二%から六・三%、マレーシアは一三・〇%から七・八%、ベトナムは九・九%から六・四%、インドネシアは八・八%から九・三%、フィリピンは一二・三%から九・六%に、インドネシアを除いて、減少している(巻末資料)。

この間、日本では二〇一一年三月一一日に東日本大震災が発生し、これにともなう福島第一原子力発電所事故がおこり、経済的にも甚大な被害がでた。

いっぽう、対中国貿易では、輸出比率でシンガポールは二〇〇七年の九・七%から一五年の一三・七%に、マレーシアは八・八%から一三・〇%、タイは九・七%から一一・一%、ベトナムは六・九%から一三・一%、インドネシアは八・五%から一〇・〇%に増加し、フィリピンだけが一一・四%から一〇・九%に減少している。貿易量は多くはないが、ミャンマーが七・一%から三七・八%、ラオスが五・八%から二六・九%、カンボジアが一・一%から五・一%に大幅に増やしている。輸入比率では、ベトナムは一九・九%から三四・〇%、シンガポールは一二・一%から一四・二%、タイは一一・六%から二〇・三%、マレーシアは一二・九%から一八・八%、インドネシアは一一・五%から二〇・六%、フィリピンは七・二%から一六・二%、ミャンマーは三三・七%から四二・一%、カンボジアは一五・〇%から二二・二%、ブルネイは三・二%から二五・二%、ラオスは九・三%から一八・六%で、二倍くらい増えた国がいくつかある。輸入では、各国で中国が日本を圧倒している(巻末資料)。

二〇一六年のアセアン全体の輸出は、中国一二・七%、アメリカ一一・四%、EU一一・四%、日本八・四%、香港六・八%、韓国四・〇%、インド三・三%の順で、輸入は中国一九・五%、日本九・四

表3-3　アセアン各国の外国人の送り出しおよび外国人受け入れ者数（ストック，2013年）（千人）

	アセアン域内			全体			全体に占めるアセアン域内の割合	
	送り出し者数（A）	受け入れ者数（B）	A－B	送り出し者数（C）	受け入れ者数（D）	C－D	送り出し者数 A/C	受け入れ者数 B/D
ミャンマー	2,151	0	2,151	2,648	103	2,545	81.2%	0.0%
インドネシア	1,216	45	1,171	2,993	295	2,697	40.6%	15.2%
ラオス	931	15	916	1,293	22	1,272	72.0%	66.9%
カンボジア	768	70	698	1,116	76	1,040	68.8%	92.1%
ベトナム	141	26	115	2,605	68	2,537	5.4%	37.5%
フィリピン	44	6	38	5,487	213	5,274	0.8%	2.9%
ブルネイ	6	32	▲26	51	206	▲155	12.1%	15.6%
マレーシア	1,050	1,512	▲462	1,446	2,469	▲1,023	72.6%	61.2%
シンガポール	102	1,229	▲1,127	304	2,323	▲2,020	33.6%	52.9%
タイ	105	3,579	▲3,474	894	3,722	▲2,828	11.7%	96.2%

出典：［岩崎 2015：11］（計算の数値が多少一致しないものがある）

％、ＥＵ九・〇％、アメリカ七・八％、韓国六・八％、台湾五・五％、ドイツ二・〇％の順である。アセアン域内の輸出は二四・〇％、輸入は二一・七％で、アセアンの経済統合がすすんでいることがわかる。

　アセアン域内の移動は、モノだけではない。二〇一七年六月二三日、タイは外国人労働者を取り締まる規制法を強化する新法を施行したため、その摘発から逃れるためタイ国内に滞在していたミャンマー人、カンボジア人、ラオス人などが国境に殺到した。だが、タイの産業にとって、これらの外国人は必要不可欠になっているため、タイは七月四日には新法の罰則執行を一八年一月一日まで延期すると発表した。一三年にタイは三五八万人の労働者をアセアン域内から受け入れていたが、この登録労働者に匹敵する数の未登録労働者がいるとみられ、今回の規制法強化につながった。マレーシアでもシンガポールでも、表3-3のとおりアセアン域内からの外国人労働者はそれぞれ一〇〇万人を超え、建設業、農業、水産加工業、家事労働などの分野で、外国人労働者なしではたちゆかなくなっている。いっぽう、フィリピンやベトナムでは、域外で働く者が多く、外国で働く自国民からの一三年の送金収入がそれぞれ対名目GDP比九・八%、七・一%になって、家計だけでなく国家財政にとっても大きな位置を占めている〔岩崎二〇一五〕。

また、中国は二〇一三年にアジアインフラ投資銀行AIIBを提唱、翌一四年にアセアン一〇カ国すべてが参加を表明し、一五年一二月二五日に五七カ国を創設メンバーとして発足した。参加国は、その後も増えつづけ、一七年には日本主導のアジア開発銀行の六七カ国・地域を上まわった。さらに一四年にアジア太平洋経済協力（APEC）首脳会議で一帯一路経済圏構想を広く各国に提唱し、東南アジアでの中国の影響力を強める政策を次々に打ちだしている。

終章

東アジアのなかの日本

アセアン10の英字新聞が伝えた日中・日韓歴史問題

東南アジア各国の英字新聞は、日中・日韓歴史問題のはじまりとされる一九八五年八月一五日の中曽根首相の靖国神社公式参拝を、外国通信社の配信記事で事実関係のみを伝え、それぞれの国の立場で書かれた独自の記事はなかった。九六年の橋本首相の参拝についても同じことがいえる。

ところが、二〇〇一年の小泉首相の参拝から様子が変わってきた。東京、北京、ソウルなどに支局を持つ、シンガポールの *The Straits Times* は、支局員が自ら取材した記事を送り、日中韓それぞれの見方を伝えた。ほかの国ぐにでも、社説などで独自の見解にもとづいた記事を掲載し、内外の研究者・ジャーナリストなどの解説を加えるようになった。日本にたいする激しい抗議をつづけた中国や韓国は、同じような歴史経験をした東南アジア諸国に同調を求めたが、アセアン10各国は、日本との経済関係を悪化させたくないことから、表立った抗議をしなかった。だが、激しく抗議する中国や韓国の様子を大きな写真で何度も掲載したことから、両国の抗議に理解を示す読者が多かったことが想像される。また、タイの社説がインドネシアで転載されるなど、対日観を共有する動きがみられはじめた。

二〇〇五年の日本の国連安全保障理事会常任理事国入りをめぐる問題を契機におこった中国の反日運動は、歴史問題などが加わり複合的なものに発展した。この頃には日本の経済に陰りがみえ、歴史問題だけでなく、戦後の日本の対東南アジア政策についても不満の声が聞かれるようになった。

二〇〇一年から六年連続でおこなわれた小泉首相の靖国神社参拝は、日本の戦死者の慰霊と政治との問題を明らかにし、東南アジアの人びとがさまざまな見方から問題を理解するきっかけになった。アセアンの統合強化がすすみ、アセアンと日中韓の結びつきが強くなったことから、日中・日韓歴史問題はたんなる二国間問題にとどまらず、しだいにアセアンに影響を及ぼしはじめ、東南アジアの人びとは、東アジアの地域の問題として考えるようになった。

二〇一〇年の尖閣諸島沖での海上保安庁巡視船と中国漁船との衝突事件、一二年の尖閣諸島の「国有化」問題がおきて以降、日中・日韓の島じま等をめぐる領有権問題が、南シナ海の島じま等をめぐる問題に影響するようになった。アセアン10各国の英字新聞は、日中・日韓の問題を東アジア共通の問題として位置づけ、社説でもさかんにとりあげるようになった。また、日中韓は自国の立場や主張を、それぞれ国際世論に訴えるようになった。

そのような状況のなか、二〇一三年の安倍首相の靖国神社参拝時には、日中・日韓歴史問題は二国間を越えて複合化、国際化して、安全保障上、きわめて敏感な問題になっていた。首相の靖国神社参拝は、一五年の平和安全法制の成立などとも絡み、日本の右傾化の象徴としてとらえられるようになっていったのである。中国の軍事大国化を懸念する国ぐにが日本の再軍事化に期待するいっぽう、戦後処理が不充分な日本に脅威を感じる人びともいた。

東南アジア各国では、歴史問題だけでなく、日本の戦後の東南アジア政策なども踏まえ、日本のアジア蔑視を伝統的なものとみる者がいた。戦後の日本が圧倒的に有利な経済的立場から東南アジア各国とのあいだで築いてきた関係が揺らいできていることが読みとれた。また、各国で対処しきれない問題を、東アジアの地域の問題としてとらえようとする機運がたかまり、アセアンを議論の場として期待するようになった。

歴史と向きあう

中国や韓国だけでなくアセアン各国も、しばしば日本が「歴史と向きあっていない」という。その意味するところを日本は理解していないか、たとえ理解しても行動がともなっていないことから、歴史問題は延々とつづき深刻化してきた。では、中国や韓国、アセアン各国はどのように「歴史と向きあっている」のだろうか。

韓国を例にとってみよう。韓国では歴史教科書のあり方が激しく議論され、二〇〇七年には、「東アジア地域で展開された人間の活動と、それが残した文化遺産を歴史的に把握してこの地域についての理解を増進し、東アジア各国の相互発展と平和を追求する眼目と姿勢を養うために」「東アジア史」という科目が設定されたりしたが、政権が変わるたびに議論が再燃し歴史教育の方針は定まっていない［アンほか二〇一五］。

そのようななかで、ここ数年間、韓国では歴史博物館のオープン、リニューアル・オープンが相ついだ。これまでのソウル市の戦争記念館、天安市の独立記念館に加えて、二〇一二年にはソウルのメインストリート世宗大路北端の光化門前に大韓民国歴史博物館がオープン、近くのソウル歴史博物館も国立古宮博物館も同年にリニューアル・オープンした。それぞれの博物館の近代史展示は、

「反日」が強調されたものになっている。近代史だけではない。光化門広場には、近世における救国の英雄李舜臣（一五四五―九八）と倭寇を攻撃した世宗大王（一三九七―一四五〇、在位一四一八―五〇）の像があるが、その地下には李舜臣記念館と世宗大王記念館があり、李舜臣記念館では一六世紀末に豊臣秀吉軍と勇敢に戦った様子が展示されている。

ソウルの繁華街、東大門近くには二〇〇九年に東大門歴史館がオープンした。一九二五年にヒロヒト皇太子（翌年から昭和天皇）の結婚を祝して建設され二〇〇七年まで使用されていた東大門運動場（競技場）の跡地に作られた歴史館では、運動場の八〇年余りの歴史だけでなく、発掘された遺物をもとに秀吉との戦いも展示されている。また、東大門城郭公園内に二〇一四年にオープンした漢陽都城博物館では、日本の植民地時代や独立後の開発のために破損された都城を復元した様子を展示している。

これらの博物館は、無料で気軽に入ることができ、韓国の歴史教科書の半分を占める日本植民地時代をさまざまな角度から「深く」理解することができる。それぞれの博物館では、一〇人ずつくらいの子どもたちがひとつのグループになって、係員の説明を熱心に聞きメモをとっている姿を多く見ることができる。戦後の日韓関係史も、歴史教科書だけでなく、歴史博物館での展示なども踏まえて理解することが必要だろう。

韓国では、一九九二年の中華人民共和国との国交樹立後に韓中関係が好転すると反共ナショナリズムが後退し、かわって反日ナショナリズムが前面に出てくる。博物館が充実した時期に「親中派」とみなされた朴槿恵が二〇一三年に政権を握り、南北統一政策を積極的にすすめた。人口五一〇七万(二〇一五年)で国内市場がそれほど大きくない韓国は、経済発展を輸出産業に頼らざるを得ない。しかしそのいっぽうで、若者の就職難にともなう頭脳の海外流出などが問題視されており、グローバル化をすすめると同時にナショナリズムが重要となっている。

それにたいして、日本では近隣諸国との関係を含む近現代史を語ることを避けてきた。国立歴史民俗博物館(千葉県佐倉市)に、一九三〇年代から七〇年代までを扱う展示室がオープンしたのはようやく二〇一〇年のことである。「戦争と平和」と「戦後の生活革命」という二つのテーマで構成された展示室の入口には、「国立歴史民俗博物館第六展示室「現代」開室にあたって」と題して、つぎの日付のない日本語だけの説明がある(二〇一七年九月九日観覧)。

国立歴史民俗博物館(以下、歴博という)は、博物館という形態をもつ大学共同利用機関です。大学共同利用機関は、大学をはじめとする国内外の研究者と共に、調査研究と展示などの情報提供を先端的に進めることを目指しています。その歴博の使命は、日本の歴史と文化を全時代にわたって展示する唯一の博物館として、複雑な現代社会において、未来を切り拓く歴史的展望を得ること、歴史認識を異にする人々の相互理解を実現することにあります。

今、世界各国の歴史博物館は、現在の学問状況を鋭く反映しながら、政治・経済・社会をめぐる新しい状況の諸問題(戦争・移民・自由など)へ対応するために、それらに正面から向き合おうとしています。こうした世界の動向に対して、歴博は一九八三年の開館以来、現代展示は未着手のままでした。そこで、二〇一〇年の現代展示開室を目指して、国内外の研究者を結集し、七年かけて共同研究と展示プロジェクトを実施して準備してまいりました。さらに、展示構成については、幅広い分野の有識者から構成された総合展示検討会議でも全体的検討をいただきました。

今回の現代展示は現代史研究の現段階における総括であるとともに、その新たな出発でもあります。現代史の膨大かつ複雑な課題を一つ一つ解明するためには、これからさらに調査研究を進めなければなりません。今回、展示できなかった課題につきましては、今後とも国内外の研究者と共同研究を行い、企画展示などで公開し、新しい研究成果を総合展示に順次反映させていきたいと考えております。

最も近い歴史が忘れ去られることのないよう、これからの世代に伝え、そして国内外に発信することが歴博の学術機関としての責務と考えております。歴博は、独自の研究スタイル「博物館型研究統合」によって、〈資源〉〈研究〉〈展示〉という三つの要素を有機的に連鎖させ、さらにそれらの要素を国内外の幅広い人々と〈共有・公開〉し、博物館という形態を最大限に活かした研究を推進しています。研究を展示に活かして〈発信〉するだけではなく、展示を通して学界や広く社会から〈受信〉して研究を推進することを特色としています。

以上のような歴博の展示に対する特性をご理解いただき、今後の現代展示の前進に向けて、ご協力のほど、心よりお願い申し上げます。

国立歴史民俗博物館

「三・一独立運動と五・四運動」「柳宗悦と浅川巧」「慰霊と顕彰」「沖縄戦から考える」「朝鮮戦争と日本社会」「終わらぬ戦後」「喪失のなかの生と死」「朝鮮人坑夫とその家族たち」「忘却としての戦後」などの展示の見出しからは、「歴史に向きあう」ことを意識していることがわかる。だが、各展示室におかれている「一目でわかる」パンフレット(A4判・四頁)やホームページには、右記の見出しはない。第六展示室(現代)では、第四展示室(民俗)で感じる民俗文化にたいする尊厳や誇り、第五展示室(近代)で伝わってくる旧習の打破・克服と新しい時代・社会を創造する息吹というものはなく、窮屈にいろいろな課題を挙げるのに精一杯という印象を受ける。英語、中国語、韓国語の説明も韓国の博物館と比べて、充分とはいえない。なにより佐倉市は都心から一時間以上かかり、中学生以下は無料とはいえ、高校生以上は有料で、「歴史に向きあう」機会を国民に与えているという点で充分ではないだろう。

日本では、歴史博物館の近現代史展示をめぐって話題になることがある。たとえば、沖縄県平和祈念資料館で、住民の証言にもとづいて作成されたジオラマで日本兵の銃剣が沖縄の住民に向けられていたことが問題とされた。その後、銃剣の向きが変わって、日本兵が住民を守っている、まったく逆のことを意味する展示になった。戦争にかんしては史実にもとづいたことでも展示できないことがあり、また展示したとしても、ホームページやガイドブック、パンフレットなどの印刷物では触れないことがあるといわれる。

アセアン原加盟国五つのうちのひとつ、フィリピンではどうだろうか。フィリピンではアメリカ植民地期から現在に至るまで、いくつかの団体が歴史説明板を設置している。その団体のひとつ、フィリピン国家歴史委員会では一九三四年以降の説明板を管理するとともに、新たな説明板を設置している。九三―九四年に出版された三巻本によると、三四年から四一年までに設置された歴史説明板は全土に一一一九あり、その多くがフィリピン革命やフィリピン・アメリカ戦争(一八九六―一九〇二年)期の英雄や、一六世紀後半からのスペインによるキリスト教化・植民地化を象徴する教会などにかんするものであった。四二―四五年の日本占領期を含む中断を経て設置が再開された四八年以降のものを加えると合計七八二になるが、そのうち一三三の説明板には日本占領期の年が刻まれている。七八二の設置場所の内訳は、首都圏マニラに二七三、そのほかのルソン地域に三六九、ビサヤ・ミンダナオ地域に一四〇で、ルソン島に偏っているとはいえ、全国に存在している。首都圏マニラでは、日本軍による虐殺事件がおこった場所や戦争によって破壊された建物などの説明板が目立つ[National Historical Institute 1993-94]。三巻本出版以降も設置はつづき、近年は毎年一〇以上が新たに設置されている(1)。

フィリピンの学生たちがこれらの説明板をよく見ていることが、拙著『戦争の記憶を歩く　東南アジアのいま』(岩波書店、二〇〇七年)の英訳版(二〇一〇年)を読んだ感想文からわかった。イントラムロスとよばれるスペイン植民地時代からの旧市街地である城郭都市の中には、たくさんの学校があり、学生たちは登下校時、休憩時間、放課後に説明板を見ていた。学生のひとりは、つぎのように書いてきた[早瀬二〇一一：三二]。

この国〔フィリピン〕にはもっと多くの記念碑が必要かもしれないが、人びとは記念碑にたいして悪い感情をもっている。マニラのイントラムロス（城郭都市）に行けば、建物の入口に説明書きがある。その多くに、この建物は第二次世界大戦中に破壊されたと書かれていて、苦痛がよみがえってくる。東南アジア各地でおこったこのような事実にたいして、向きあわなければならない。

説明板のほかにフィリピン人が日常的に接している歴史としては、紙幣に描かれた肖像をあげることができる。従来、フィリピン革命期の英雄や大統領がひとりずつ描かれてきたが、一九八七年に登場した五〇〇ペソ札では一九八三年に暗殺されたベニグノ・アキノになり、九一年から発行している現在の最高額紙幣一〇〇〇ペソ札（二〇一七年九月一日現在、約二一五〇円）には、日本軍によって処刑された三人（最高裁判事のホセ・アバド・サントス〔一八八六―一九四二〕、フィリピン国軍将軍のビセンテ・リム〔一八八八―一九四五〕、女性参政権獲得に尽力し、フィリピンガールスカウトを創設したホセファ・リャネス・エスコーダ〔一八九八―一九四五〕）がいっしょに描かれている［早瀬二〇〇八］。

二〇一七年八月、国家歴史委員会は「二〇一七年歴史月間」と銘打って大々的に全国でイベントを開催した。八月八日に五〇周年を迎えたアセアンの各種会議がフィリピンで開催されるなか、マニラのメインストリートに幟がはためき、イベントの開催を知らせた。メインイベントのひとつは、パンパンガ州アンヘレス市聖エンジェル大学で一七―一九日に開催されたフィリピンにおける第二次世界大戦七五周年記念国際会議だった。「母国のための戦い——フィリピンにおける第二次世界大戦と抵抗のはじまり」と題した会議には、日本とアメリカから招待された研究者や活動家などを含め、数百人が参加した。副題にある「はじまり」は、開催地が一九四二年四月におこった「バタアン死の行進」の舞台だったからである。バタアン半島の激戦後、捕虜となったアメリカ・フィリピン兵が炎天下を徒歩行軍させられるなどして、多くの犠牲者が出た。

会議の前に、大学の隣の教会とすぐ近くのパミントゥアン邸で歴史説明板の除幕式があった。教会は日本軍の車両倉庫に使われ、パミントゥアン邸はカミカゼ特攻隊(一九四四年一〇月に最初の神風特攻隊がこの近くのマバラカットから飛び立った)の宿舎になっていたとの説明がある。会議は、退役軍人や抵抗に協力した女性などの表彰式ではじまった。二日目午前にはフィリピンの地域ごとの抵抗の歴史や体験者の証言のセッションがあり、開催大学の学生だけでなく先生に引率されてきた高校生も熱心に聴いていた。

午後のセッションでは、二〇一六年にアメリカのカリフォルニア州が「バタアン死の行進」など第二次世界大戦フィリピン戦線についての歴史を、高校(第一一学年)のカリキュラムに組みこむことを認めたとの報告があり、会場が盛りあがった。アメリカ西海岸は、アジア系住民が多く、韓国系は「従軍慰安婦」問題を積極的に取りあげ、「慰安婦」像をカリフォルニア州などに設置している。会議に関連して特別展示、博物館ツアー、映画上映などがおこなわれ、地方史関連団体のネットワーク会議も開催された。

三日目には、会議参加者や「ＷＷⅡ」と書いたお揃いのＴシャツを着た家族連れの一般市民らが四台のバスを連ねて「バタアン死の行進」に関連する記念碑やカミカゼ特攻隊に関連する民間の博物館などを観てまわる、朝七時から夕方五時までのツアーがおこなわれ、観光協会や市長が参加者にスナックや昼食を振る舞った。

フィリピン人は、一九四六年七月の独立後もアメリカの差別と闘っている。アメリカは「アメリカのために戦った者」にたいして、原則として国籍を問わず、アメリカ退役軍人として特例帰化を認め、「退役軍人給付金」が与えられる。だが、アメリカ植民地支配下あるいは日本占領下で「アメリカのために戦った」フィリピン兵は一九四六年二月のアメリカの「無効法」により「現役従軍」とはみなされず、「給付金」の対象外とされた。一九九〇年に「特例帰化」は認められたが、「給付金」が支払われたのは、ようやく二〇〇八年にアメリカ上院において「退役軍人給付金拡張法案」が可決し、〇九年にオバマ大統領が署名した後のことだった（約一万二〇〇〇人のフィリピン国内居住者に一人九〇〇〇ドル、アメリカ市民権を得ている約六〇〇〇人に一人一万五〇〇〇ドル）〔中野二〇〇七：二二二―二四五、遠藤二〇〇八、桂二〇一二：八六―八七〕。

フィリピン人や韓国人にとって、「歴史に向きあう」ことは差別や社会的不正義にたいする闘いをも意味する。いっぽう、戦後の日本人は、日本を戦争へと導いた軍国主義と闘ってきたといえるだろうか。軍国主義の象徴であるA級戦犯を顕彰している靖国神社には、いまだに首相はじめ多くの国会議員が参拝している。日本人は「歴史と向きあう」ことを怠っており、軍国主義の復活をめざしているととられてもしかたがない状況がある。

では、日本人はどう歴史と向きあえばいいのだろうか。わたしは、前著『戦争の記憶を歩く 東南アジアのいま』のなかで、日本人にとって必要なのは、「臨床の知としての歴史認識」であると述べた〔早瀬二〇〇七：二〇六―二〇八〕。そのためには国立歴史民俗博物館第六展示場のように学問的成果にもとづいた展示が不可欠であるが、それだけにとどまらずその歴史がわたしたちの今日の生活や問題とどう結びつくかを認識することが必要になってくる。

韓国の博物館で主張されていることも現在に「引きつづく過去」とその認識であり、二〇一二年にオープンした独島体験館は、「歴史・未来館」と「自然館」からなり、「未来について考える空間として活用される」ことが期待されている。いま日本人にとって必要とされているのは、広島・長崎の原爆や沖縄戦の「引きつづく過去」を理解するように、中国や韓国における「引きつづく過去」を認識することである。中国や韓国における「引きつづく過去」を認識すれば、加害者としての日本と向きあわざるを得なくなり、A級戦犯が英霊として祀られている靖国神社に首相が公式参拝することが中国や韓国にとってどういう意味をもつかがわかってくる。

だが、このときに問われるべきは個人の戦争責任ではなく、戦争へと突きすすんでいく流れをつくった社会であろう。前著で強調したように、戦争責任、戦後責任とは無縁と思われるいまの若い世代にも、「いまを戦前にしない」責任がある。「戦前」になったときには、すでに戦争への道はできており、すすんでいくしかなくなってしまうことが、これまでの数々の戦争からわかることである。

「弱者」の集合体から自律した地域協力機構へ

一九六七年にアセアンが成立した当時、ベトナム戦争に「介入」するアメリカに表向き協力する「弱者の武器」を使うことによって、軍事援助や経済援助を引き出していたタイやフィリピンなどは、その後アメリカにかわって日本から援助を引き出すようになった。日本は、自国企業の経済進出の呼び水として「賠償」を使い、政府開発援助(ODA)に切りかえながら、東南アジアに多額の援助と投資をおこなった。その後、経済力をつけた韓国、さらに中国が援助供与国として登場すると、アセアンは三国のライバル関係を利用する「弱者の武器」を再び使って国益を追求した。だが、歴史問題をめぐる日中・日韓の問題は、東南アジア各国の国益に影響するようになってきた。

一九九〇年代後半、アセアンは加盟国が一〇カ国になり、機構の制度化が必要になってきた。そんなとき、九七年にアジア通貨危機がおこり、これを契機としてアセアン10で結束して、日中韓と協議するアセアン+3首脳会議が開催されるようになった。さらに同年一二月に「アセアンビジョン二〇二〇」、二〇〇三年に「第二アセアン協和宣言」を採択して、アセアン共同体構築に向けて活動を本格化した。東アジア経済共同体構想は、日中・日韓歴史問題などのため具体的な進展はなかったが、アセアンは〇七年のアセアン経済共同体AECにつづいて、〇九年にアセアン政治・安全保障共同体APSC、アセアン社会・文化共同体ASCCの青写真を採択し、着実に共同体構築をすすめた。「ひとつのビジョン、ひとつのアイデンティティ、ひとつのコミュニティ」をモットーに、「社会的に結合した、思いやりのあるアセアン」をめざしている。

二〇〇八年に発効した「アセアン憲章」では「人間本位のアセアンを促進する」とされ、同年アセアン賛歌「アセアン団結の歌」にかわってアセアン機構歌「アセアンウェイ」が選ばれ、団結だけではなく、曖昧さを残す「思いやり」を重視した。

そして、アセアンは中国の経済発展などの恩恵を受けて、中国、日本につづく東アジアで第三の経済力をもつ勢力になった。もはや「弱者」の集合体ではなく、自律した地域協力機構として、中国や日本に対峙する勢力になった。今後の東アジアの政治的安定と経済発展を考えたとき、日中・日韓の歴史問題は、アセアン各国の国益を脅かすものとなり、アセアンとして東アジア地域の問題を解決する必要に迫られることになった。

アセアン10からみた解決案

日中・日韓歴史問題を東アジア地域の問題とみた者は、解決への道を探った。ひとつは、韓国も提案した靖国神社にかわる慰霊・追悼施設の設置であり、千鳥ヶ淵戦没者墓苑をその候補にあげる者がいる。墓苑にあるパンフレットには、つぎのように書かれている。

千鳥ヶ淵戦没者墓苑は、先の大戦において海外で亡くなられた戦没者の御遺骨を納めるため、昭和三四年、国により建設された「無名戦没者の墓」です。ここに納められている御遺骨は、昭和二八年以降、政府派遣団が収集したもの及び戦後海外から帰還した部隊や個人により持ち帰られたもので、軍人軍属のみならず、海外において犠牲となられた一般邦人も含まれており、いずれも遺族に引き渡すことのできないものです。

八月一五日に墓苑を訪れると、各主催団体による「戦没者の慰霊と平和を祈る式典」がおこなわれている。供花台には「天皇皇后両陛下」の名札があり、後ろの花スタンドに「内閣総理大臣　安倍晋三」、そして「日蓮宗」などの名札がある。各主催団体の中心は日蓮宗で、関係者の最前列には国会議員がいる。歩いて一〇分ほどのところにある靖国神社の一般の参拝者の数に比べ、桁違いに少なく、閑散としたなかで国会議員の顔を見極めることができる(千鳥ヶ淵戦没者墓苑の建設については[赤澤二〇一七：一四〇―一五二]参照)。

千鳥ヶ淵を挟んだ日本武道館では、午前一一時五一分から日本国政府の主催で全国戦没者追悼式がおこなわれる。厚生労働省のホームページには二〇一三年の案内があり、その趣旨をつぎのように記している。「先の大戦の全戦没者に対し、国を挙げて追悼の誠をささげるため、昭和五七年四月一三日の閣議決定『戦没者を追悼し平和を祈念する日』について」(別添)に基づき、政府主催の下に、平成二五年八月一五日、日本武道館で全国戦没者追悼式を行います」。追悼式の第一回は一九五二年五月二日に新宿御苑、第二回は五九年三月二八日に千鳥ヶ淵戦没者墓苑、六三年八月一五日に日比谷公会堂、六四年八月一五日に靖国神社で開催された後、六五年から日本武道館で毎年八月一五日におこなわれるようになった。八二年に閣議決定した「「戦没者を追悼し平和を祈念する日」について」では、政府は「昭和三八年以降毎年実施している全国戦没者追悼式」を引きつぎ、「天皇皇后両陛下の御臨席を仰いで、毎年八月一五日、日本武道館において実施する」としている。追悼式では、祭壇中央上に「全国戦没者追悼式」と掲げ、その下に日の丸、白と黄の菊の花を背景に中央に「全国戦没者の霊」と記された標柱、両脇の花スタンドに「天皇皇后両陛下」の名札がある。

現在、靖国神社、千鳥ヶ淵戦没者墓苑、日本武道館の三つの場で八月一五日におこなわれていることは、いずれも第二次世界大戦後のヨーロッパなどで激論の末に採用された無宗教で政治的要素を帯びないものとはかけ離れている。靖国神社は慰霊・追悼より顕彰の場であり、天皇のために死ぬことを美徳としている。そもそも「神道は宗教ではない」民族の古習と考える人びともいる〔赤澤二〇一七、山室二〇一七：三〇二〕。千鳥ヶ淵戦没者墓苑も宗教、政治と無縁ではなく、戦前からつづく戦没者の慰霊を神道でおこなうのか仏教でおこなうかの争いの場になっており、靖国神社にかわる施設としてふさわしくない〔大原一九八四〕。「全国戦没者追悼式」は明らかに「天皇皇后両陛下」のための式典で、二〇一六年には退場する天皇に「天皇陛下万歳」を三唱する人びとがいた。ちなみに、一三年四月二八日に開かれた日本政府主催の「主権回復の日」式典で、天皇皇后が退場しようとしたところ、安倍首相を含む人びとが「天皇陛下万歳」を三唱した。八月一五日を追悼の日としたのも一九八二年であり、八月一五日にこだわる必要はない。新たに国民の日を設け、国民の広場で、国民の主催で式典をおこなえばいい。

新しい式典には天皇や首相が参列してもかまわないが、それには中国や韓国をはじめ敵味方区別なく参列できることが条件になる。第一次世界大戦でも第二次世界大戦でもヨーロッパ戦線での記念式典には、敵味方区別なく参列している。たとえば二〇一四年六月六日におこなわれたノルマンディ上陸作戦七〇周年記念式典には、ドイツ、イタリアを含むヨーロッパ各国の首脳などが出席した。一九八四年の四〇周年記念式典に西ドイツのコール首相(一九三〇―二〇一七、在任一九八二―九八)は出席を拒否し、九四年の五〇周年のときにも出席しなかったが、二〇〇四年の六〇周年にはシュレーダー首相(一九四四―、在任一九九八―二〇〇五)が歴史を受け入れ出席した(『朝日新聞』二〇一四年六月七日)。日本が戦場としたシンガポールやフィリピンなどでも、記念式典に日本大使などが参列している。

日本は近隣諸国との和解に成功した「ドイツに学べ」という提言が、何度もアセアン10の新聞紙上に出てきた。ヨーロッパ世界で合意に達した事柄については、二〇〇六年に発行された『ドイツ・フランス共通歴史教科書【現代史】』(ガイスほか監修二〇〇八)によくあらわされている。第一章「第二次世界大戦の結果とその影響」で、「世界は前例のない犯罪行為と大量破壊に直面し、その恐怖は想像もつかないほどだった」ことを学んだ後、第二章「第二次世界大戦の記憶」では、「当初は戦争の勝利や敗北を記念して行われた愛国主義的な祝典は、次第に世界の数知れない戦争の犠牲者全体に敬意を表して行われるように」なり、「戦争を勇敢に戦った人々の記憶が影を潜め、少しずつ悲劇的な虐殺の記憶が中心を占める」ような追悼式になっていった様子を伝え、「未来の世代に過去を記憶する義務を訴える場」となったことを説明している。そして、世界各地に建設された「記憶の場」としての追悼施設、博物館、記念碑などを紹介している。墓地では、階級にかかわりなく同じ大きさの家族のメッセージを添えた墓標が、戦死者の数だけ整然と並んでいる。戦死者は平等で、死者の数が見えるかたちになっている。

だが、戦争の記憶が和解を促すどころか分断をもたらすことがヨーロッパにもあることを、「独ソ不可侵条約の記憶の残るリトアニアとエストニアは、二〇〇五年にロシアが開催した五月九日の祝典への参加を拒否した」例をあげて課題としている。

イギリスでは、第一次世界大戦でドイツと連合国とのあいだで休戦協定が結ばれた一一月一一日の戦没者追悼記念日が近づくと、人びとはポピーの花飾りを胸につける。正式にはリメンブランス・デイとよばれるが、ポピー・デイともよばれる。人びとは真っ赤な血の色のポピーから、総力戦となった世界大戦の悲惨さを目に見えるかたちで思いおこすことになる。また、NHKでも放映された第一次世界大戦前後の時代を描いた人気テレビドラマ「ダウントン・アビー」などでは、「戦争」が日常生活の基層になって今日までつづいていることを伝えている。

戦死者を英雄として顕彰し、戦争を非日常の出来事として特別視し「記憶する義務」を若い人に伝えず、目に見えるかたちで戦争のことを思いおこすこともない日本と、ヨーロッパでは、大きな違いがあることがわかる。また、ヨーロッパの戦争博物館に、靖国神社付属の遊就館や、その近くにある「昭和と今をつなぐ戦中、戦後の暮らし」を展示する昭和館（国立施設。厚生労働省社会・援護局所管）や「戦傷病者とそのご家族等の戦中・戦後に体験したさまざまな労苦」を展示しているしょうけい館（戦傷病者史料館）（国立施設。厚生労働省社会・援護局所管）を並べることはできないだろう。これらの日本の施設では、中国人や韓国人は平静な気持ちで戦争被害者としての日本人を観ることができず、「和解の場」にはならないからである。

それにたいして、一九九二年にフランスのペロンヌの古城跡にオープンした大戦博物館は、英語、フランス語、ドイツ語でそれぞれイギリス、フランス、ドイツの立場から、そして兵士だけでなく市民の視点で、戦時下の軍事的、文化的、社会的生活を、時系列でパラレルに展示している。たとえば、当時の軍服は英独仏の三種類が並べてある。パンフレット冒頭には、「第一次世界大戦国際文化博物館」とある。

ヨーロッパから学ぶということでは、歴史教科書についてもいえる。一九九三年のEU(欧州連合)設立の前年九二年に、国籍の異なる一二名のヨーロッパ人歴史家が数年間会議を重ねて欧州共通教科書を出版した。だが、フランス語版第二版へのまえがきに「誤解しないで下さい！ 本書の執筆者も刊行者も、地域史・各国史をおとしめる意図など毛頭ありません」とあるように、簡単には受け入れられなかった[ドルーシュ一九九八]。ドイツとフランスの共通教科書の試みは、古くは一九三〇年代あるいはそれ以前に遡り、二〇〇六年から「いつかヨーロッパ共通の歴史教科書が作成されるための土台になること」をめざして独仏共通歴史教科書が出版された。その目的は、つぎのように述べられている[ガイスほか監修二〇〇八]。

本書は、フランスとドイツの歴史の書ではなくフランスとドイツに共通の歴史教科書であり、両国の現行の教育課程を尊重しつつも、双方の立場から見た歴史だからこそ可能である革新的な視点・資料検証・解釈をもってその内容を超えようとする意図を持つ。

この独仏共通教科書は、ひじょうに限られているが、アビバックやヨーロッパ学級などで使用されている。アビバックは高等教育資格試験であるフランスのバカロレアとドイツのアビトゥーアを両方取得することをめざす学級で、ヨーロッパ学級はバカロレア取得をめざすが、歴史を相手国の言語で履修する学級である。日中韓でも、高校レベルからそれぞれの人文学をそれぞれの言語で学習することから、新たな人材を育てることが考えられる。

日中韓の歴史認識の共有の試みも、たとえば一九九一―九二年に日本と韓国、中国、東南アジア諸国のそれぞれの教科書比較がおこなわれた[山田ほか一九九一、中嶋編一九九二、吉川編一九九二]。その後、共通歴史教科書が出版される[日中韓二〇〇五]など、いろいろな対話と試みがおこなわれ、現在も継続している。だが、充分な成果は得られていない。第一次世界大戦で甚大な被害をだした独仏による和解の試みから、わたしたち日中韓が学ぶべきことは多い。ドイツもフランスも長年にわたって根気よく問題解決のために対話し、試行錯誤を重ねながら挑戦をつづけてきたが、日中韓はまだ対話がスタートしたばかりである。

近代歴史教育は、国民国家の良民を育てることを目的とするため、その教科書は自国民になる者以外を読者として想定していなかった。だが、歴史教科書問題がおこった一九八二年には、グローバル化の兆しがみえ、ヒトやモノの交流が活発化しはじめていた。人びとは国民であると同時に、国際社会や近隣諸国を含めた地域社会の一員であるという意識が芽生えはじめた時代であった。歴史も自国史ではなく、世界史の一部としての日本史を教育する必要が出てきた。日本では一九九四年から高等学校において世界史が必修になり、学習指導要領でも「国際社会に主体的に生きる日本人としての自覚と資質を養う」ことが謳われた[文部省一九九九]。

歴史教科書は、フランスとドイツの共通教科書でも述べられているとおり、各国の教育課程を尊重しなければならないために、学問的成果だけを記述すればよいわけではない。日中韓の共通教科書の作成が困難を極めている理由のひとつは、どういう国民を育成するかという教育科目としての歴史を考えなければならないからである。いまできることは、まずはそれぞれの国の歴史を、近隣諸国の国民を読者としても堪えることができる世界史や地域史の一部として書くことだろう。そして、アメリカの高校等で広くおこなわれている「広島・長崎への原爆投下の是非を問う」などのアクティブ・ラーニングをとりいれることだろう。アクティブ・ラーニングは、二〇一二年八月二八日に中央教育審議会が答申した「新たな未来を築くための大学教育の質的転換に向けて――生涯学び続け、主体的に考える力を育成する大学へ」の「用語集」で、つぎのように説明されている(3)。

教員による一方向的な講義形式の教育とは異なり、学修者の能動的な学修への参加を取り入れた教授・学習法の総称。学修者が能動的に学修することによって、認知的、倫理的、社会的能力、教養、知識、経験を含めた汎用的能力の育成を図る。発見学習、問題解決学習、体験学習、調査学習等が含まれるが、教室内でのグループ・ディスカッション、ディベート、グループ・ワーク等も有効なアクティブ・ラーニングの方法である。

そのための教材づくりと教員養成が、当面の課題となる。

もうひとつ、解決策として提案されたのが、二〇一二年にインドネシアのナタレガワ外相やマレーシアの元首相マハティールから出された「非公式対話」である。別のことばでいえば、「アセアンウェイ」となる。アセアンは、マハティールがいうように紛争を解決することをひとつの目的として一九六七年に結成され、対話を重ねて問題を解決してきた。この紛争を解決・回避するアセアンウェイは、流動性が激しく人口密度の低い小人口世界であった海域東南アジアで発達した知恵である。

東南アジアは大陸部と海域部に分けられることがあるが、アセアンの原加盟五カ国はフィリピン、インドネシア、マレーシア、シンガポールの海域部四カ国に、大陸部のタイが加わったものである。タイもチャオプラヤー河を通じて海域東南アジアにつながり、一七世紀のアユタヤ王国にはオランダ、イギリス、ポルトガル、日本人町に加えて、マレー人・マカッサル人居留区があった。カンボジアもメコン河を通じて、古くからマレー世界との交流があり、メコン河流域やトンレサップ湖周辺にはマレー系イスラーム教徒のチャム人が漁業を営んでいる。チャム人は、ベトナム南部などに一七世紀まで王国を築いていた。

海域世界では、比較的気候が安定し制度化がすすんで前例を重んじる温帯の定着農耕民世界の社会とは違い、臨機応変にその場その場の合議によってものごとを判断してきた。また、海や熱帯の森など人を寄せつけない空間が存在し、人びとは排他的な土地支配より対人関係を重んじ、利用者のコモンズの場を重視してきた［早瀬二〇〇三］。

このような対人関係を重んじる海域社会の人びとが日本について訊かれれば、訊く相手の立場に立って回答する。日本の科学技術・経済的発展、新旧豊かな文化や平和主義など、日本側の立場に立ってイメージすれば対日好感度は九〇％を越えても不思議ではないが、日本の戦争責任や経済侵出など、中国や韓国などの立場に立ってネガティブな面をイメージすれば高い対日好感度は期待できないだろう。だれもが親日と反日の両面をもっているため、別々の文脈のなかで訊かれ、それぞれ相手が期待するように回答すれば、親日と反日の合計は一〇〇%をはるかに超えることになる。東南アジア諸国や太平洋諸島諸国は「親日」であると強調されることがあるが、植民地化・占領統治下、戦場となった経験などから潜在的に「反日」感情があり、なにかのきっかけに表面化・紛争化する危険性がある(太平洋諸島諸国については[寺尾二〇一五、寺尾二〇一七]参照)。

共通の歴史経験(帝国日本による占領・植民地化)を根拠に反日運動をよびかけた韓国・中国にたいして、東南アジア各国が同調しなかったのは、日本からの経済援助や投資に期待しただけでなく、この海域社会の紛争を回避する知恵がはたらいたからだろう。だが、それは打算の結果でもある。かれらは、経済力が低下してきた日本に見切りをつけ、歴史問題と日本のアジア蔑視を絡めて「攻撃」に転ずるかもしれない。その「攻撃」は中国や韓国のようにあからさまに敵対的なものではないだろうが、たとえば公共工事の入札で、突然日本からほかの国に切り替えるというようなことはおこるかもしれない。これまで日本などが東南アジア各国にたいしておこなってきた対外援助は、「先進国から途上国へ」の支援であったために、受け入れる側からみれば人権や民主化などいろいろな注文をつけられる「傲慢な支援」とうつる面があったかもしれない。それにたいして、中国の対外援助は「南南協力」ということばがあるように「途上国から途上国へ」のスタイルをとり、注文もない。東南アジア各国からみれば受け入れやすい。

フィリピンは日本とアメリカの戦争に巻きこまれ、多くの犠牲者を出したにもかかわらず、今日

「親日」国家として日本側に認識され、二〇一五年に成立した平和安全法制をフィリピン政府は歓迎したと報じられた。だが、フィリピン国家歴史委員会は、一七年一二月八日「慰安婦」を象徴する女性像をマニラに設置した。フィリピノ語で「日本の占領下で虐待の被害に遭った全てのフィリピン人女性を記憶するために」という説明書きがある。大統領報道官は、「政府は支持も否定もしない」と述べた(「朝日新聞」二〇一七年一二月一三日)。

一九六二年の皇太子(現アキヒト天皇)夫妻のフィリピン訪問では、対人関係を重視するフィリピン人が皇太子夫妻の人柄を受け入れたため歓迎された。しかし、このとき皇太子夫妻がなにげない言動でフィリピン人を傷つけていたなら、取り返しのつかないことになっていたかもしれない。いっぽうで、この対人関係を重視する姿勢はその場かぎりのものであり、その後への影響はつづかないと考えていいだろう。事実、このときの予想外の成功は、六〇年に調印された日比友好通商航海条約の批准に結びつかなかったし(マルコス戒厳令下の一九七三年に批准)、二〇一六年の天皇皇后の再訪問は日本の信頼度上昇にはあまり貢献しなかった〔佐藤二〇〇七：四〇―四六〕。

国益より地域の利益優先

東南アジア域内では、一九七九年の中越戦争以来、本格的な国家間の戦争がおこっていない。域内で充分なコミュニケーションがとれ、共通認識をもって「アセアンウェイ」が機能しているからだろう。日中・日韓歴史問題については、とくに九七年以降のアセアン＋3とそれぞれ個別の首脳会議のほか、外相会議など大臣間、事務官間など無数の公式会議の前後、合間の「非公式会議」で話題になったことだろう。本書でみてきたように、東南アジア各国では、英字紙に共通の外国通信社の記事を掲載するだけでなく、他国の社説など独自の意見・見方を転載しあうことで、地域の共通認識が形成されてきた。同様に、アセアンを通して共通の認識をもつようになったということができるだろう。その結果、東アジア地域にとって、日中・日韓歴史問題は大きな問題であり、地域で解決すべきものであるとみなすようになったと考えられる。

日中・日韓が長年にわたって出口のみえない歴史問題を抱えてしまった背景には、それぞれのナショナリズムがある。日本は低成長経済と少子高齢化社会を補うためのナショナリズム、中国は共産主義に基づかないナショナリズム、韓国は北朝鮮の脅威とグローバル化社会を生き抜くためのナショナリズムを、それぞれポピュリズムに結びつけながら内政のための方策のひとつとして使ってきた。この日中・日韓歴史問題の根本的な解決は、当面ないと考えざるをえないほど悪化したままである。

しかし、それぞれの偏狭なナショナリズムにもとづく紛争は、それぞれの国益より大切なものを優先することによって、表面化しないようにすることができる。東南アジア各国は、アセアンという地域共同体の利益を優先することによって、国益が守られ、さらに増進することを知ったからこそ、経済共同体の結成を予想より早くすすめることができた。日中韓が東アジアという地域の利益を優先することで国内政治が安定し、経済成長がつづき福祉社会化が進展するということを理解すれば、紛争をおさえることができるだろう。いろいろな取り決めも、できる国、できることからすればいい。台湾、香港、マカオ、沖縄などの問題も、地域という枠組みで考えることによって、国との摩擦を軽減することができるだろう。そして、東アジア地域を例に地域の安定と発展が各国の利益に結びつくとわかれば、世界のほかの地域の国ぐにも国益の意味を問い直すことだろう。

ひと昔前に東アジア共同体構想が唱えられたとき、多くの人びとは中国や日本といった大国主導の共同体を考えただろう。だが、日中・日韓の和解がすすまないなか、紛争を回避・解決する知恵をもち、民主化がすすんで安定してきた国ぐにの地域協力機構であるアセアンに地域統合の主導権を託してもいいのではないだろうか。そのために日本は、表面化していない東南アジア各国との歴史問題と経済大国といわれていた時の「傲慢さ」について理解を深め、対等な立場で共同体に参加できるようにしなければならない。二〇一七年になって発表されたＩＭＦ(国際通貨基金)の統計によると、日本人の一人あたりのＧＤＰは世界第三〇位になったという。「普通の国」として軍事力を強化する必要はないが、経済的優位のない「普通の国」として謙虚に共同体に参加する準備を怠りなくする必要がある。さもなくば、日本は東アジアのなかで孤立することになる。

【巻末資料】 アセアン諸国 対日本・対中国輸出入貿易(2001-2015年)

ブルネイ 対日本・対中国輸出入貿易(2001-15年)

対日輸出 対日輸入 対中輸出 対中輸入

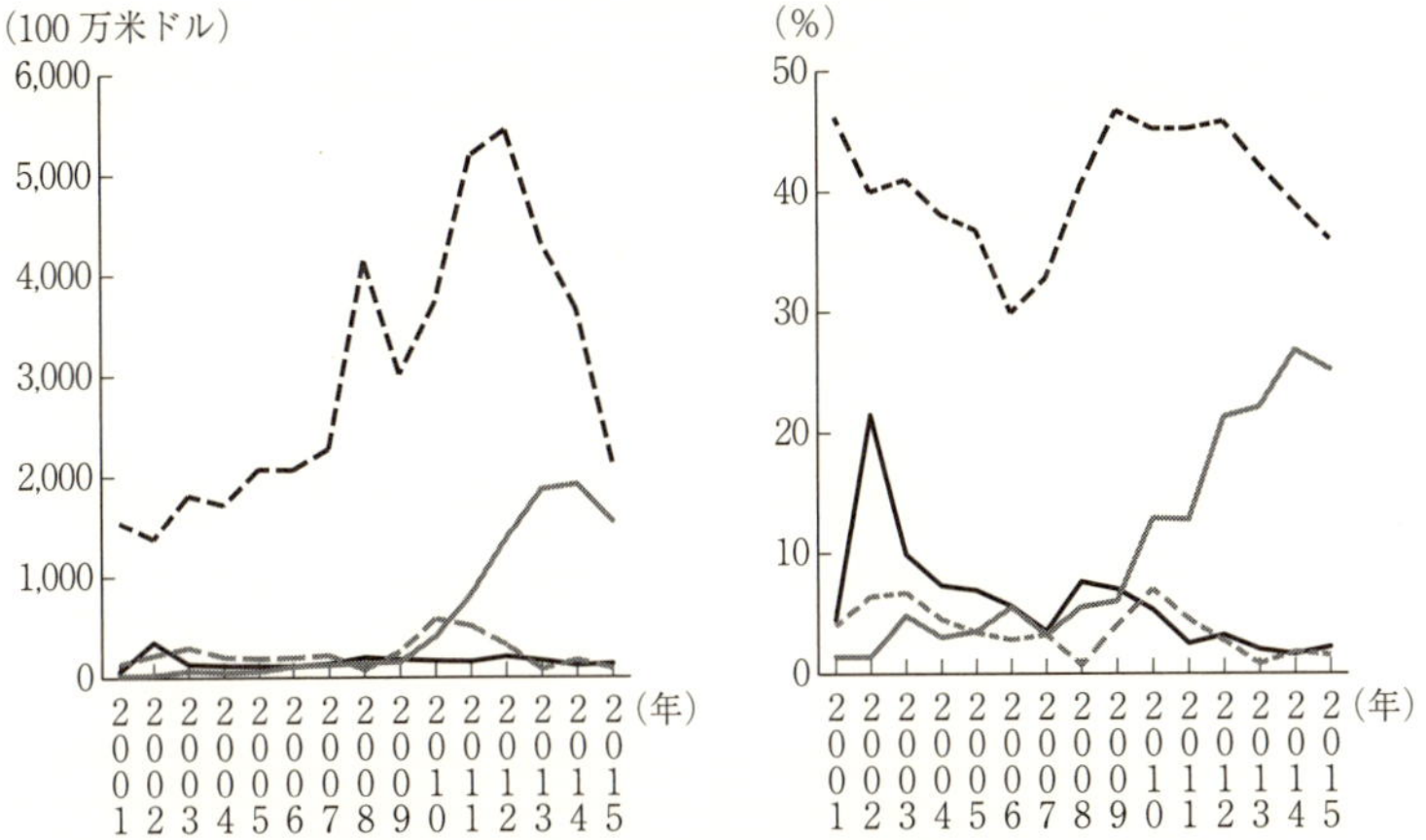

カンボジア 対日本・対中国輸出入貿易(2001-15年)

対日輸出 対日輸入 対中輸出 対中輸入

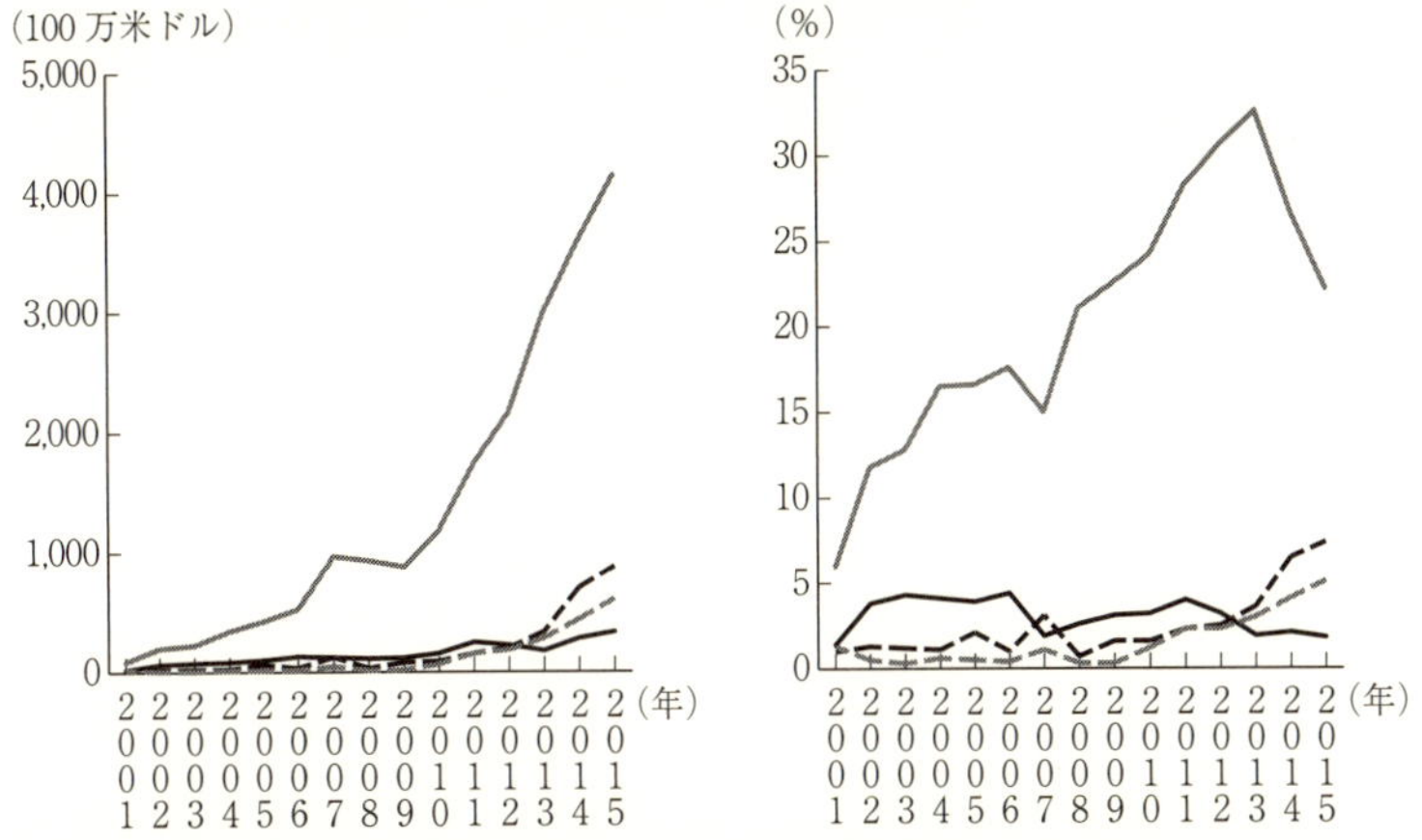

インドネシア　対日本・対中国輸出入貿易(2001-15年)

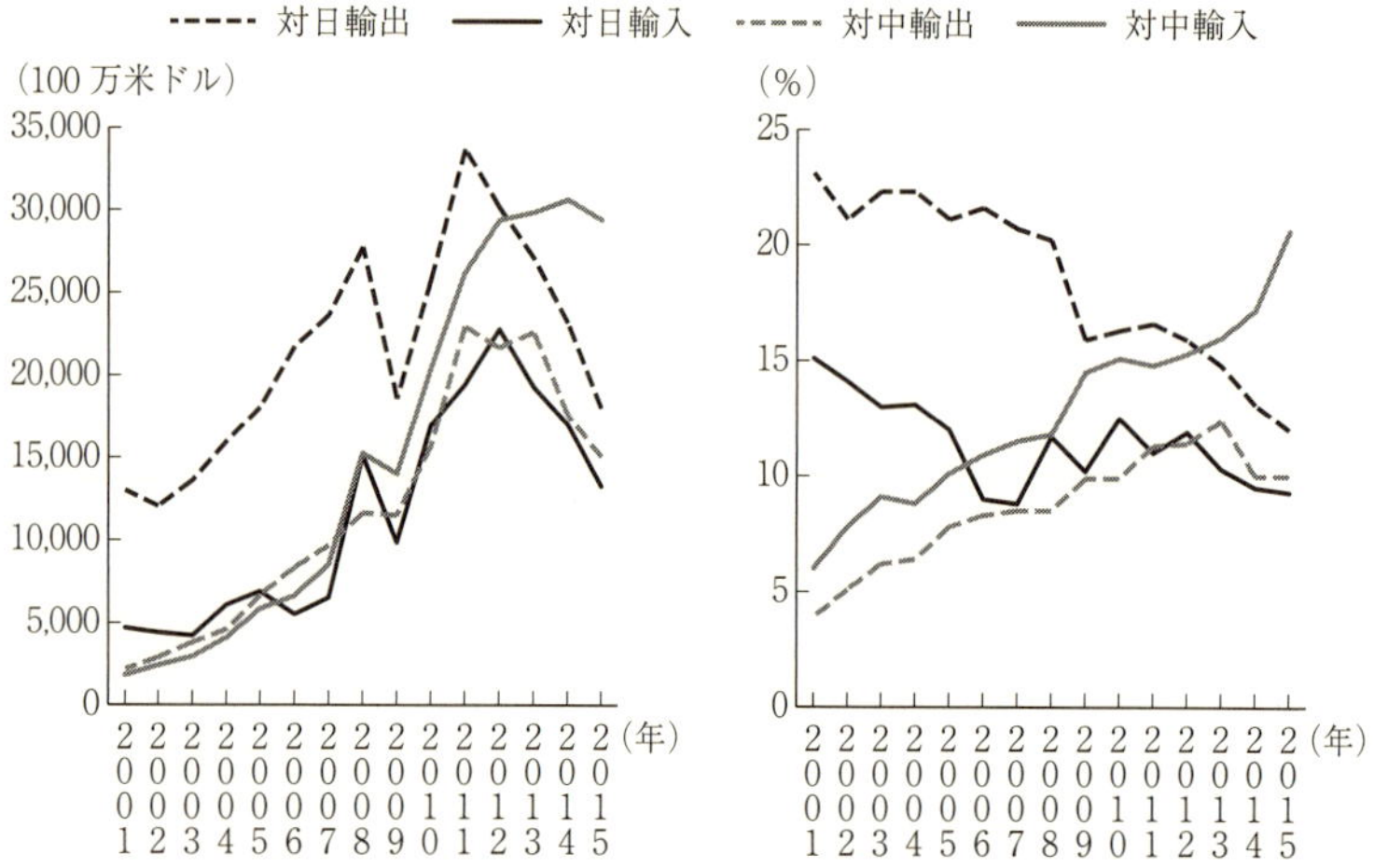

ラオス　対日本・対中国輸出入貿易(2001-15年)

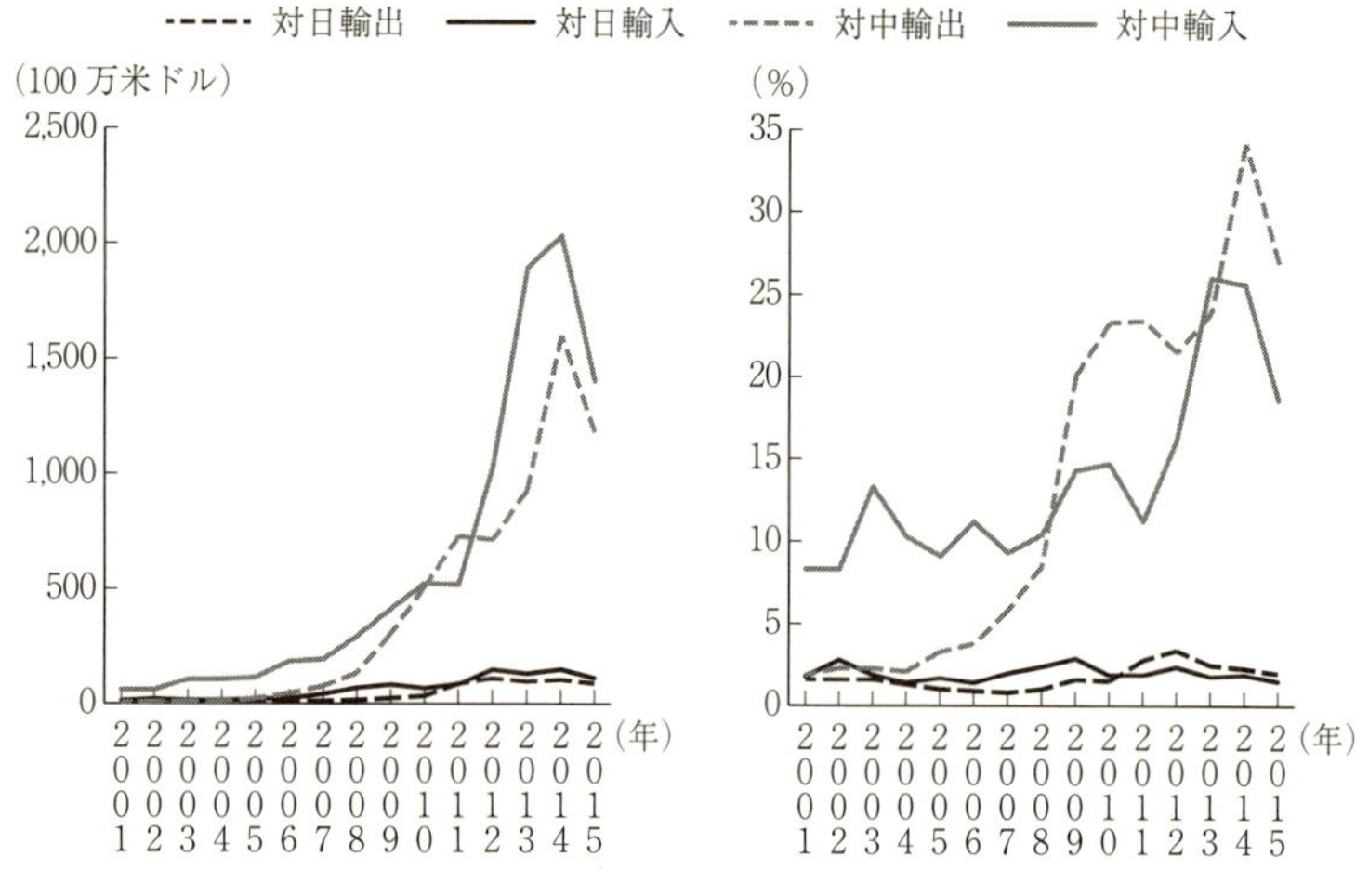

マレーシア　対日本・対中国輸出入貿易(2001-15 年)

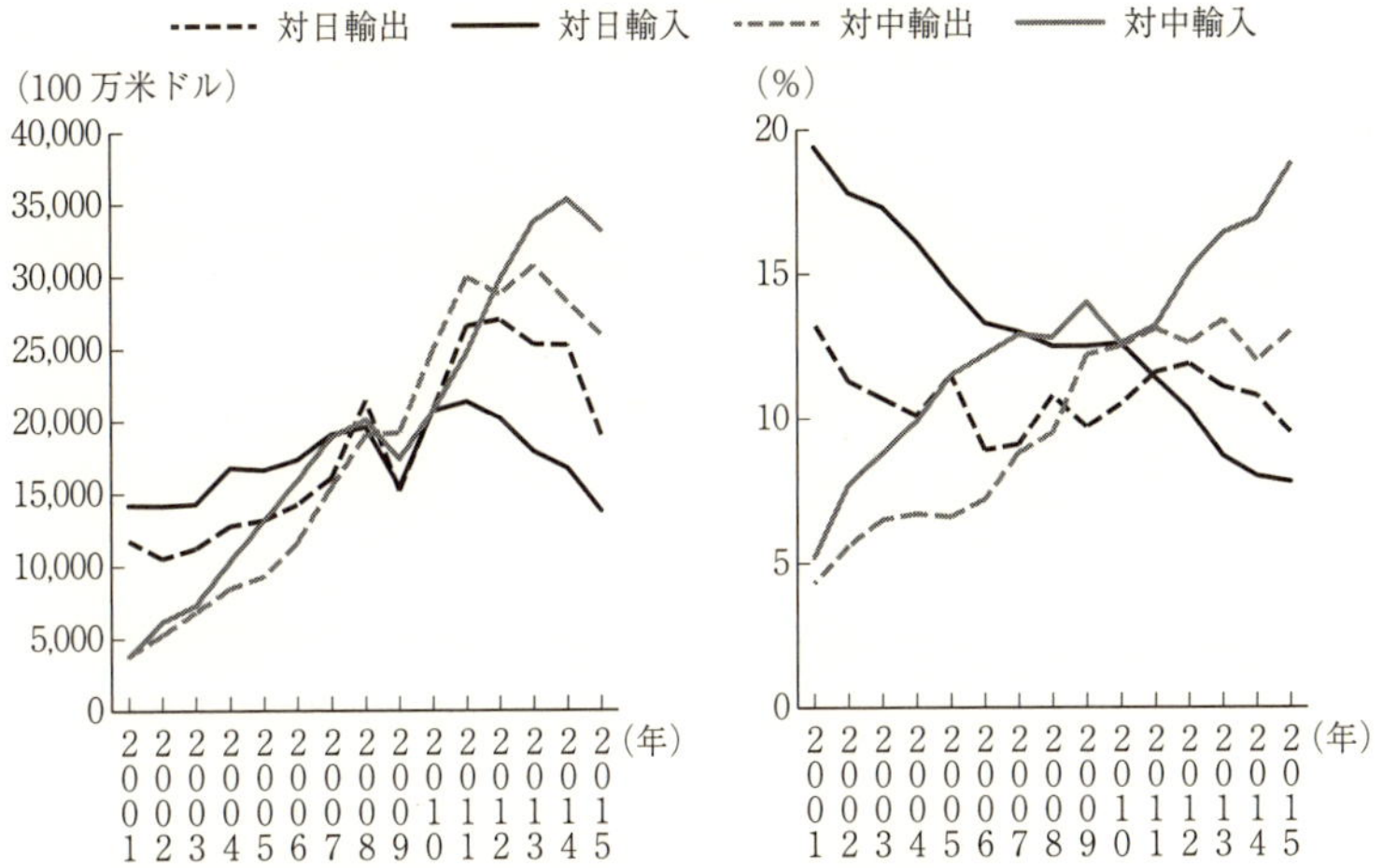

ミャンマー　対日本・対中国輸出入貿易(2001-15 年)

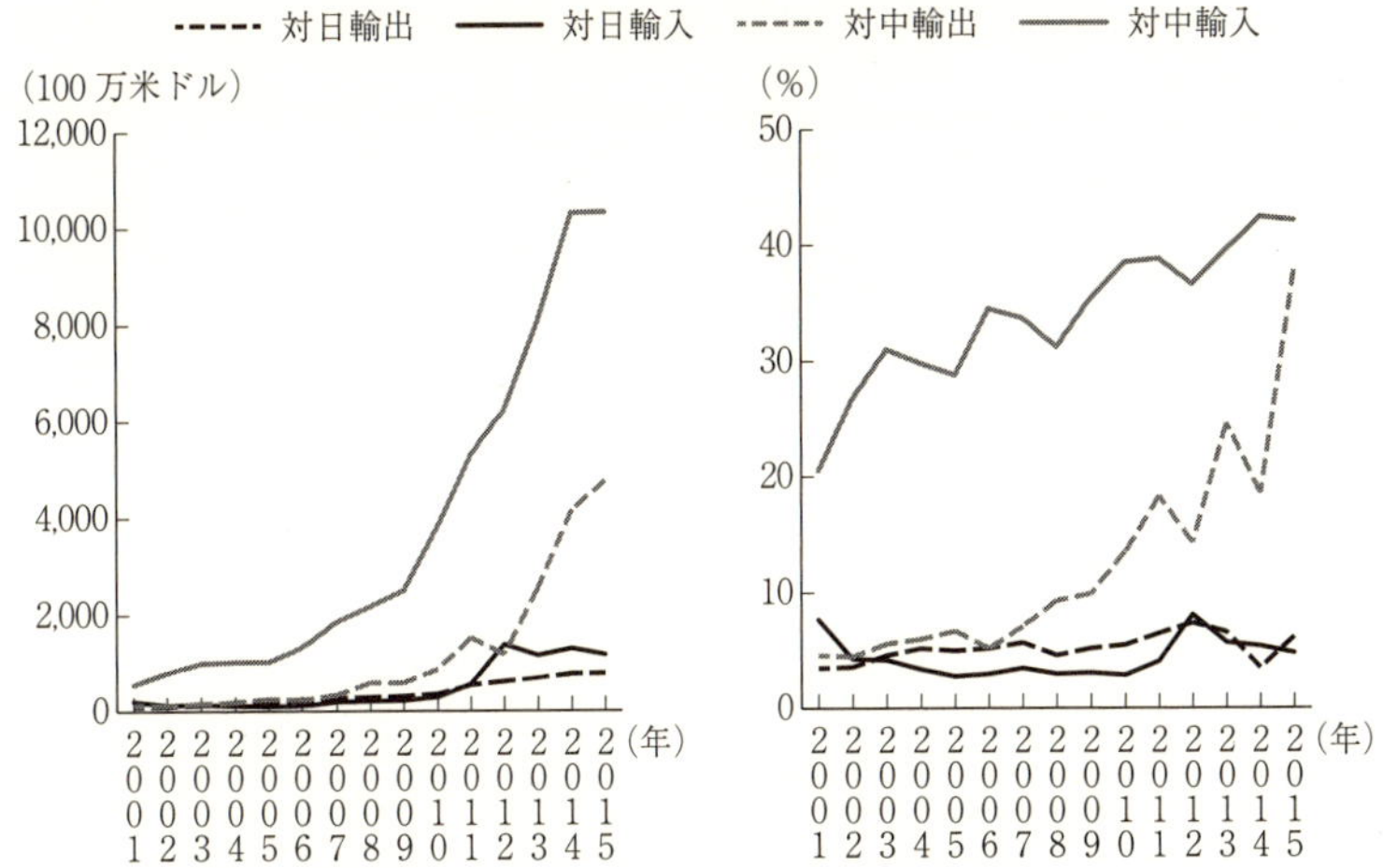

フィリピン　対日本・対中国輸出入貿易(2001-15年)

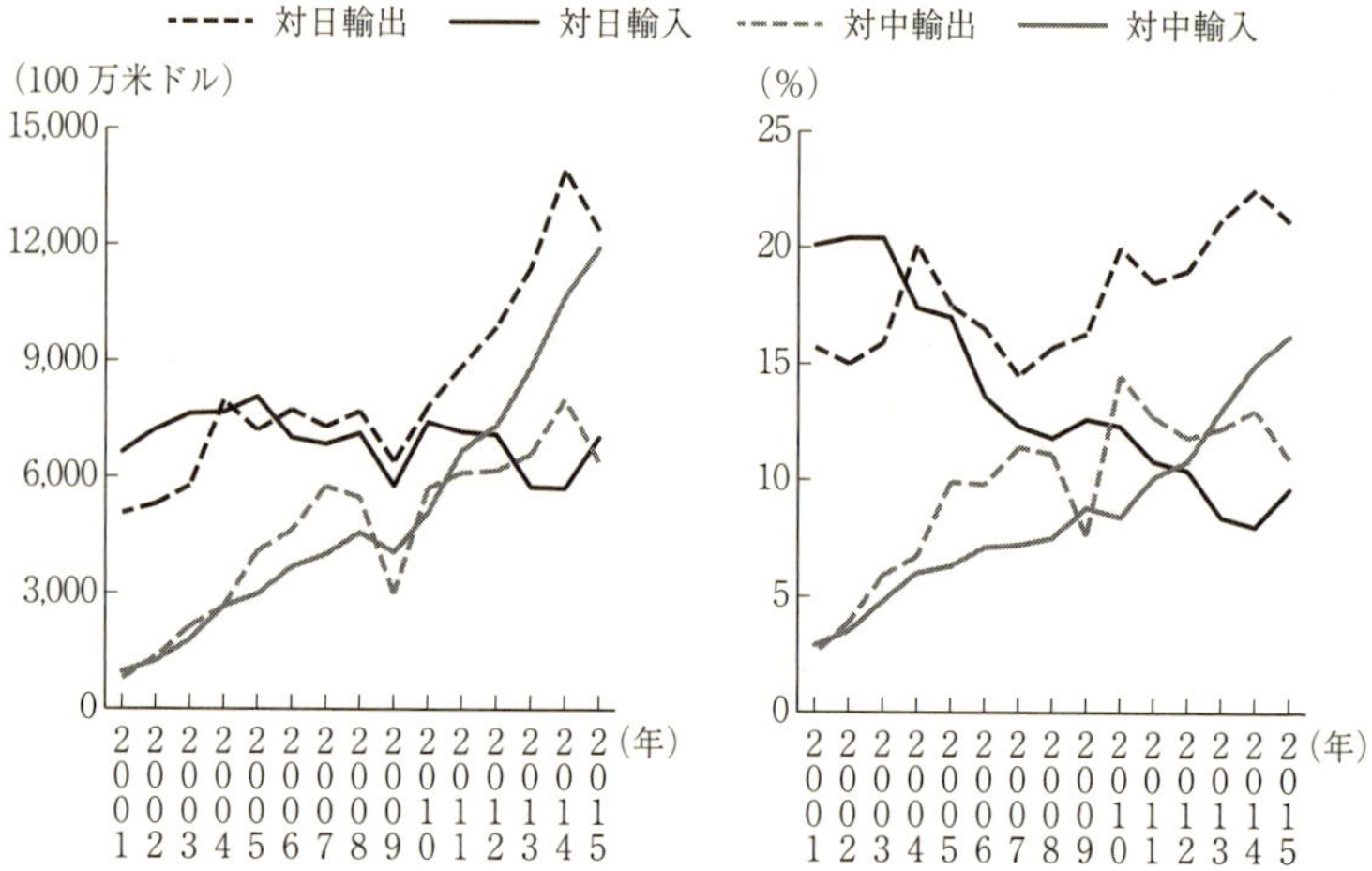

シンガポール　対日本・対中国輸出入貿易(2001-15年)

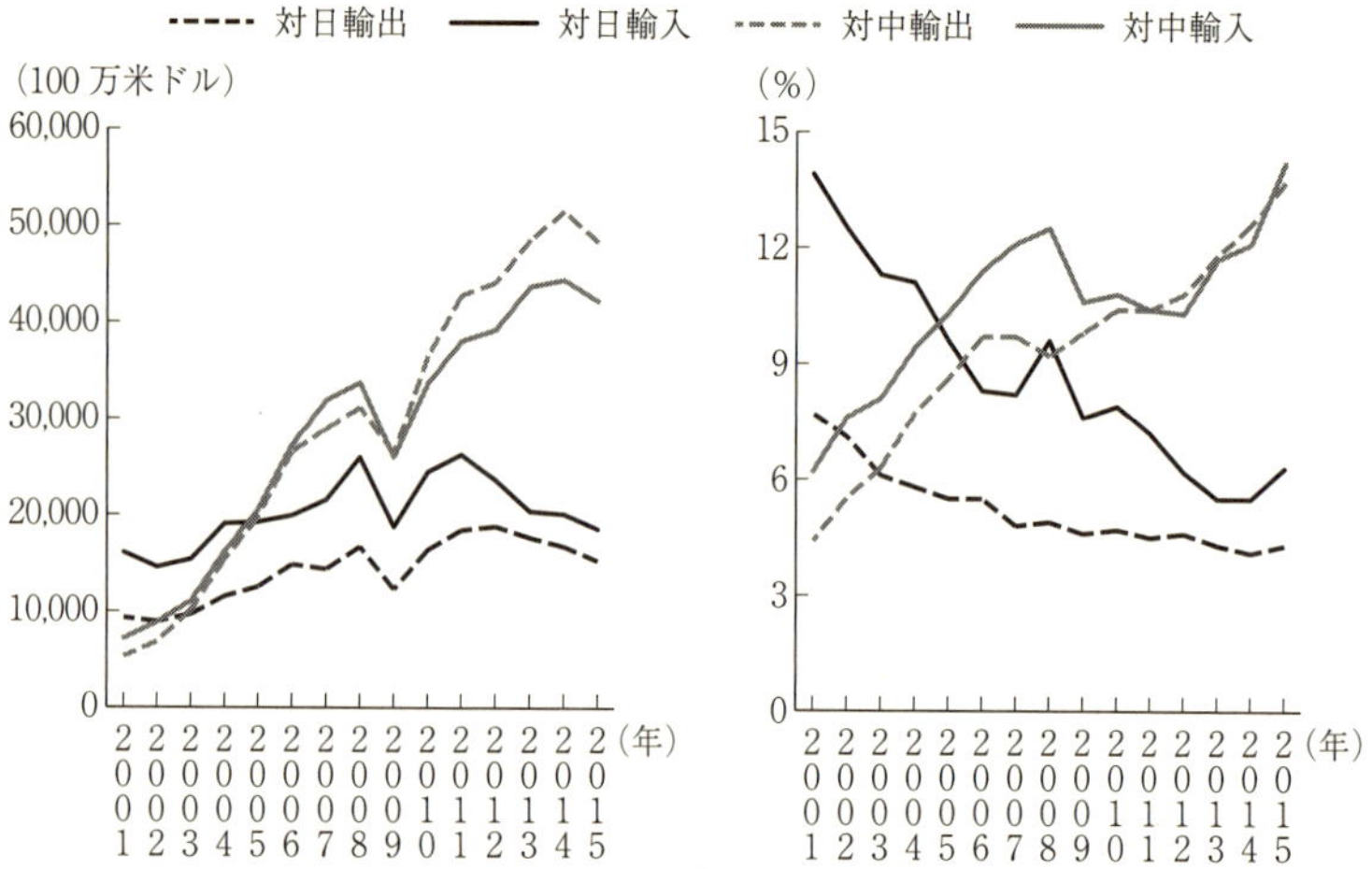

タイ　対日本・対中国輸出入貿易(2001-15年)

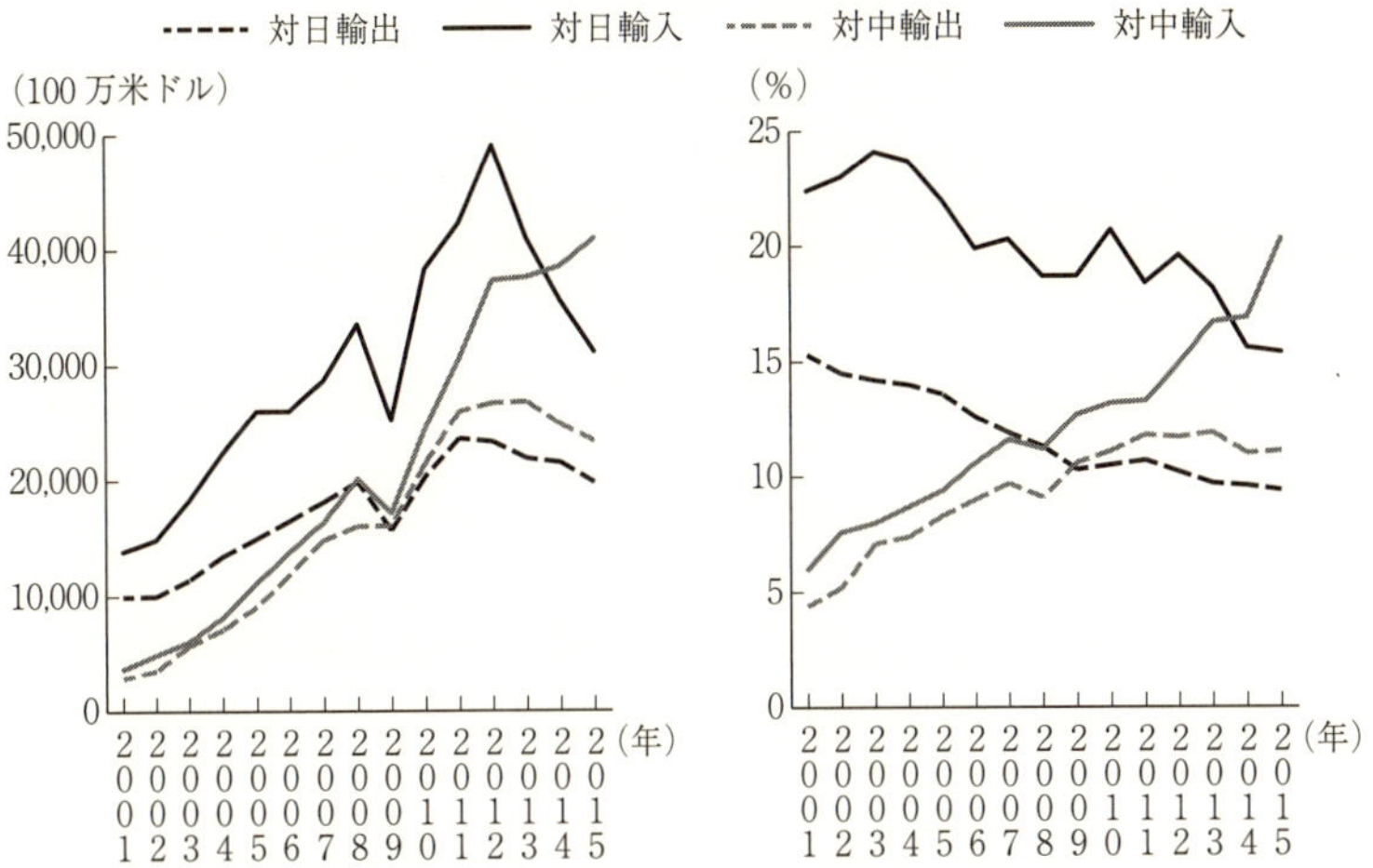

ベトナム　対日本・対中国輸出入貿易(2001-15年)

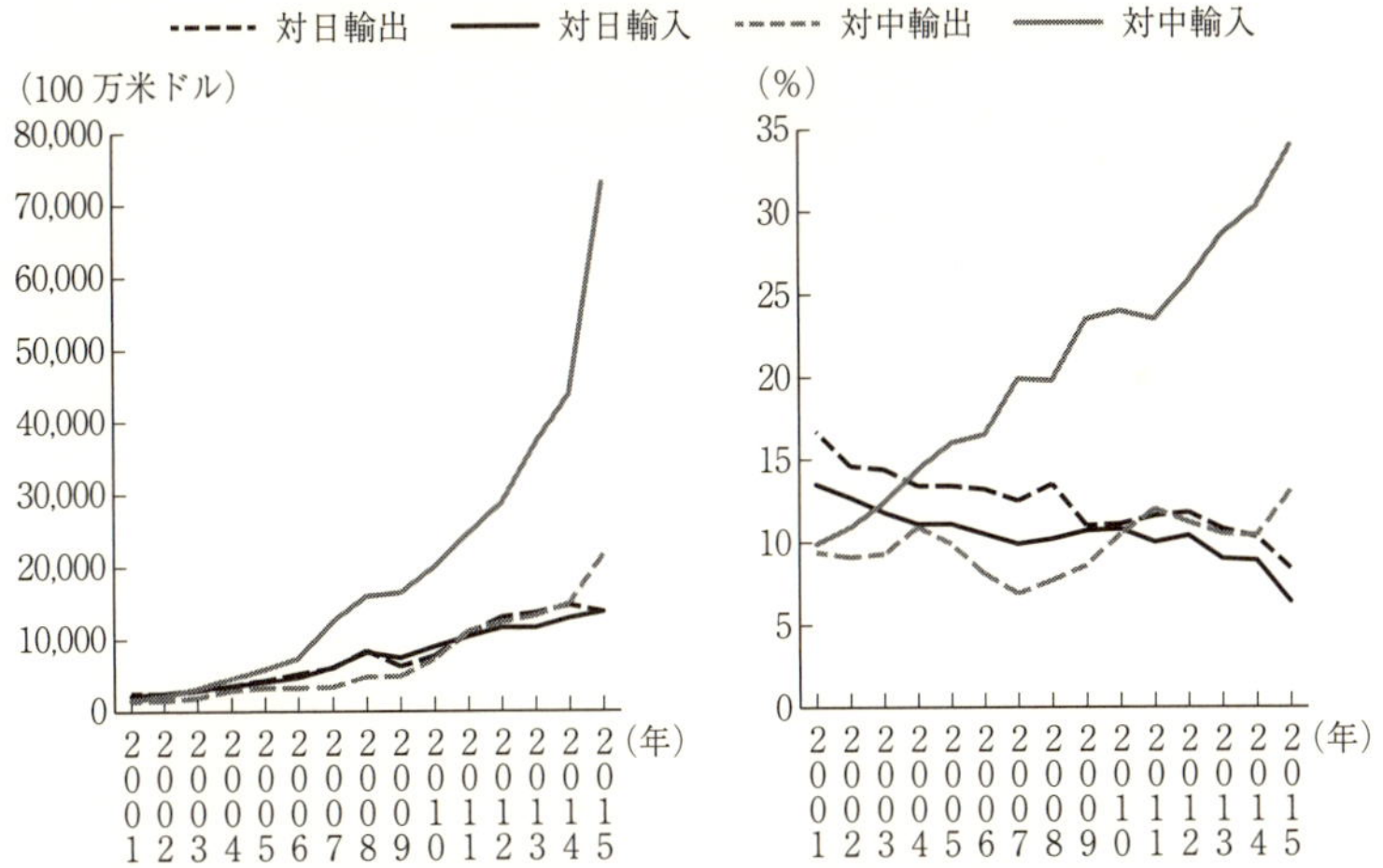

出典：International Monetary Fund (IMF), *Direction of Trade Statistics, Yearbook*, Washington DC, IMF, 2002-16.

参考文献

青山瑠妙「日中関係における「歴史問題」」菅英輝編著『冷戦変容と歴史認識』晃洋書房、二〇一七年。

赤澤史朗『靖国神社――「殉国」と「平和」をめぐる戦後史』岩波現代文庫、二〇一七年。

浅野和生「第二期馬英九政権の対外政策と日本」『問題と研究』四一巻四号、二〇一二年。

天児慧・李鍾元編『東アジア 和解への道――歴史問題から地域安全保障へ』岩波書店、二〇一六年。

アン・ビョンウほか『東アジアの歴史』三橋広夫・三橋尚子訳、明石書店、二〇一五年。

石井明「靖国神社公式参拝」東郷和彦・波多野澄雄編『歴史問題ハンドブック』岩波現代全書、二〇一五年。

岩崎育夫『入門 東南アジア近現代史』講談社現代新書、二〇一七年。

岩崎薫里「ＡＳＥＡＮで活発化する国際労働移動――その効果と弊害を探る」『ＪＲＩレビュー』(日本総合研究所オンラインジャーナル)五巻二四号、二〇一五年。

浦野起央『日本の国境【分析・資料・文献】』三和書籍、二〇一三年。

遠藤聡「【フィリピン】米国「退役軍人給付金拡張法案」におけるフィリピン人」『外国の立法』二三六―一号、二〇〇八年。

遠藤聡「ＡＳＥＡＮ憲章の制定――ＡＳＥＡＮ共同体の設立に向けて」『外国の立法』二三七号、二〇〇八年。

太田修「２００５年歴史教科書問題――「対話的」真実に向けて」『文学部論集』(仏教大学)九一号、二〇〇七年。

大原康男『忠魂碑の研究』暁書房、一九八四年。

大原康男『神道指令の研究』原書房、一九九三年。

小柏葉子「太平洋島嶼フォーラムの対ＡＳＥＡＮ外交――フォーラムによるＡＳＥＡＮ認識の意味」『広島平

和科学』二七号、二〇〇五年。

ガイス、ペーター&ギヨーム・ル・カントレック監修『ドイツ・フランス共通歴史教科書【現代史】――一九四五年以後のヨーロッパと世界』福井憲彦・近藤孝弘監訳、明石書店、二〇〇八年。

桂誠『中国が急進する中での日本の東南アジア外交――フィリピン、ラオスの現場から』かまくら春秋社、二〇一三年。

菊池一隆「教科書問題の歴史と共通歴史教科書」『愛知学院大学文学部 紀要』四一号、二〇一一年。

木村幹『日韓歴史認識問題とは何か――歴史教科書・「慰安婦」・ポピュリズム』ミネルヴァ書房、二〇一四年。

剣持久木、小菅信子、リオネル・バビッチ編著『歴史認識共有の地平――独仏共通教科書と日中韓の試み』明石書店、二〇〇九年。

小谷俊介「南シナ海における中国の海洋進出および「海洋権益」維持活動について」『レファレンス』二〇一三年一一月号。

佐藤考一『皇室外交とアジア』平凡社新書、二〇〇七年。

佐藤考一「中国と「辺疆」：海洋国境――南シナ海の地図上のU字線をめぐる問題」『境界研究』一号、二〇一〇年。

Zakowski, Karol(ジャコフスキ、カロル)「2012年尖閣諸島国有化をめぐる決定過程の一考察」『法と政治』六四巻四号、二〇一四年。

首藤もと子「ASEAN社会文化共同体に向けて」『国際問題』六四六号、二〇一五年。

白石隆『海洋アジア vs. 大陸アジア――日本の国家戦略を考える』ミネルヴァ書房、二〇一六年。

尖閣諸島文献資料編纂会編『尖閣研究 尖閣諸島海域の漁業に関する調査報告』尖閣諸島文献資料編纂会、二〇一〇―一五年、全三巻。

田村慶子『シンガポールの基礎知識』めこん、二〇一六年。

鄭方婷「現実と向き合う日本と台湾――気候変動、原発、漁業問題を中心に」天児慧・李鍾元編『東アジア和解への道』岩波書店、二〇一六年。

寺尾紗穂『南洋と私』リトルモア、二〇一五年。

寺尾紗穂『あのころのパラオをさがして——日本統治下の南洋を生きた人々』集英社、二〇一七年。

東京歴史科学研究会編『歴史を学ぶ人々のために——現在をどう生きるか』岩波書店、二〇一七年。

ドルーシュ、フレデリック総合編集『ヨーロッパの歴史 第二版』木村尚三郎監修、東京書籍、一九九八年（第一版、一九九四年）。

中嶋嶺雄編著『近現代史のなかの日本と中国』東京書籍、一九九二年。

中野聡『歴史経験としてのアメリカ帝国——米比関係史の群像』岩波書店、二〇〇七年。

日中韓3国共通歴史教材委員会編著『日本・中国・韓国＝共同編集 未来をひらく歴史——東アジア3国の近現代史』高文研、二〇〇五年。

橋本伸也『記憶の政治——ヨーロッパの歴史認識紛争』岩波書店、二〇一六年。

早瀬晋三『「ベンゲット移民」の虚像と実像——近代日本・東南アジア関係史の一考察』同文舘、一九八九年。

早瀬晋三『海域イスラーム社会の歴史——ミンダナオ・エスノヒストリー』岩波書店、二〇〇三年。

早瀬晋三『戦争の記憶を歩く 東南アジアのいま』岩波書店、二〇〇七年（二〇一二年三刷増補）：（英語訳）*A Walk Through War Memories in Southeast Asia*, Quezon City: New Day Publishers, 2010.

早瀬晋三「東南アジアとの歴史対話への道」『神奈川大学評論』六〇号、二〇〇八年。

早瀬晋三編『フィリピン関係文献目録——戦前・戦中、「戦記もの」』龍溪書舎、二〇〇九年。

早瀬晋三「戦争認識のすれ違い——日本人学生とフィリピン人学生」『大学教育』（大阪市立大学）九巻一号、二〇一一年。

早瀬晋三「2つの世界大戦、東西さまざまな世界史認識：覚え書き」Discussion Paper No. 186、名古屋大学大学院国際開発研究科、二〇一二年。

早瀬晋三「大量死と敗戦——「戦記もの」を書くということ」『人文研究』（大阪市立大学大学院文学研究科）六三巻、二〇一二年。

早瀬晋三『マンダラ国家から国民国家へ——東南アジア史のなかの第一次世界大戦』人文書院、二〇一二年。

早瀬晋三「ラブアン――すれ違う戦争メモリアル」『アジア太平洋討究』二七号、二〇一六年。

白永瑞《ペクヨンソ》『共生への道と核心現場――実践課題としての東アジア』法政大学出版局、二〇一六年。

又吉盛清・君塚仁彦・黒尾和久・大森直樹編『靖国神社と歴史教育――靖国・遊就館フィールドノート』明石書店、二〇一三年。

松本充豊「台湾海峡をめぐる動向(二〇一二年二月~二〇一三年三月)　馬英九政権、尖閣諸島問題で中国とは連携しないと明確に表明」『交流』八六五号、二〇一三年。

防衛省「南シナ海における中国の活動」二〇一五年五月二九日(http://www.mod.go.jp/j/approach/surround/pdf/ch_d-act_20150529.pdf#search=%27%E3%83%99%E3%83%88%E3%83%8A%E3%83%A0+%E4%B8%AD%5%9B%BD+%E6%BC%81%E6%A5%AD+2010%E5%B9%B4%27　二〇一七年六月二九日閲覧)。

文部省『高等学校学習指導要領解説　地理歴史編』実教出版、一九九九年。

靖国神社監修、所功編『ようこそ靖国神社へ』近代出版社、二〇〇〇年(『新・ようこそ靖国神社へ』二〇〇七年)。

山影進編『新しいＡＳＥＡＮ――地域共同体とアジアの中心性を目指して』アジア経済研究所、二〇一一年。

山田昭次・高崎宗司・鄭章淵・趙景達『近現代史のなかの日本と朝鮮』東京書籍、一九九一年。

山田雄司「松井石根と興亜観音」『三重大史学』九号、二〇〇九年。

山室信一『アジアの思想史脈――空間思想学の試み』人文書院、二〇一七年。

山本信人監修『東南アジア地域研究入門』慶應義塾大学出版会、二〇一七年、三巻。

吉岡桂子『人民元の興亡――毛沢東・鄧小平・習近平が見た夢』小学館、二〇一七年。

吉川利治編著『近現代史のなかの日本と東南アジア』東京書籍、一九九二年。

吉田裕・瀬畑源・河西秀哉編『平成の天皇制とは何か――制度と個人のはざまで』岩波書店、二〇一七年。

National Historical Institute (Philippines), *Historical Markers*, National Historical Institute, 1993-94, 3 volumes.

Roberts, Christopher B., *ASEAN Regionalism: Cooperation, Values and Institutionalization*, London & New

York: Routledge, 2012.

Shin, Gi-Wook & Daniel C. Sneider, eds., *History Textbooks and the Wars in Asia: Divided Memories*, London & New York: Routledge, 2011.

Yu-Rivera, Helen, *Patterns of Continuity and Change: Imaging the Japanese in Philippine Editorial Cartoons, 1930–1941 and 1946–1956*, Quezon City: Ateneo de Manila University Press, 2005.

Yu-Rivera, Helen, *A Satire of Two Nations: Exploring Images of the Japanese in Philippine Political Cartoons*, Quezon City: The University of the Philippines Press, 2009.

注

はじめに

（1） http://www.mofa.go.jp/mofaj/files/000127169.pdf 二〇一七年八月三一日閲覧。
（2） http://www.mofa.go.jp/mofaj/press/release/press23_000019.html 二〇一七年八月三一日閲覧。
（3） https://www.auncon.co.jp/corporate/2017/0714.html 二〇一八年一月九日閲覧。
（4） https://www.mci.gov.sg/pressroom/news-and-stories/pressroom/2017/2/statement-on-syonan-gallery-war-and-its-legacies 二〇一七年五月一二日閲覧。
（5） https://www.facebook.com/leehsienloong/posts/1371412596254776 二〇一七年五月一二日閲覧。
（6） http://digital.asahi.com/articles/ASK4Z6HCSK4ZUHBI02F.html?rm=139 二〇一七年五月一二日閲覧。
（7） 同前。
（8） http://www.ide.go.jp/Japanese/Library/Region/Southeast_asia/south_east_asia_news_papers.html 二〇一六年八月二日閲覧。

第一章

（1） http://www.mofa.go.jp/mofaj/press/danwa/07/dmu_0815.html 二〇一六年九月一四日閲覧。
（2） http://www.mofa.go.jp/mofaj/gaiko/oda/shiryo/hakusyo/nenji97/na_8.html 二〇一七年八月二四日閲覧。

第二章

(1) http://www.mofa.go.jp/mofaj/area/china/nc_sengen.html 二〇一六年九月一六日閲覧。
(2) http://www.taku.net/voice/show_text.php3?ID=6LAzl 二〇一六年一〇月二四日閲覧。
(3) http://www.mofa.go.jp/mofaj/kaidan/kiroku/g_komura/arc_99/asean99/hanoi.html 二〇一七年八月二四日閲覧。
(4) http://www.mofa.go.jp/mofaj/gaiko/oda/shiryo/hakusyo/02_hakusho/ODA2002/html/siryo/index.htm 二〇一七年八月二四日閲覧。
(5) http://www.kantei.go.jp/jp/singi/tuitou/kettei/021224houkoku.html 二〇一六年九月二一日閲覧。
(6) http://www.mofa.go.jp/mofaj/press/danwa/17/dmc_0317.html 二〇一六年九月二一日閲覧。
(7) http://www.mofa.go.jp/mofaj/press/danwa/17/dga_0413.html 二〇一六年九月二一日閲覧。
(8) http://www.mofa.go.jp/mofaj/press/danwa/17/dga_0416a.html 二〇一七年五月一八日閲覧。
(9) http://www.mofa.go.jp/mofaj/press/enzetsu/17/ekoi_0422.html 二〇一六年九月二一日閲覧。
(10) http://www.mofa.go.jp/mofaj/kaidan/s_koi/asia_africa_05/conference01.html 二〇一六年九月二一日閲覧。
(11) http://www.mofa.go.jp/mofaj/gaiko/oda/files/000142129.pdf 二〇一六年九月二一日閲覧。
(12) http://www.mofa.go.jp/mofaj/gaiko/fta/j_asean/ 二〇一七年八月二五日閲覧。
(13) http://www.asianews.network/ 二〇一七年九月二九日閲覧。
(14) http://asanagi.com/about.html 二〇一七年三月二三日閲覧。

第三章

(1) http://www.mofa.go.jp/mofaj/area/china/visit/0805_ks.html 二〇一七年八月二六日閲覧。
(2) http://www.mofa.go.jp/mofaj/area/china/higashi_shina/press.html 二〇一七年六月二九日閲覧。
(3) http://www.asean.or.jp/ja/asean/know/base/carter/ 二〇一七年九月一日閲覧。

(4) http://www.shugiin.go.jp/internet/itdb_shitsumon.nsf/html/shitsumon/b176044.htm 二〇一六年一〇月一五日閲覧。

(5) http://www.shugiin.go.jp/internet/itdb_shitsumon.nsf/html/shitsumon/b176110.htm 二〇一六年一〇月一五日閲覧。

(6) http://www.mofa.go.jp/mofaj/area/takeshima/ 二〇一八年一月二〇日閲覧、同日現在一一外国言語。

(7) https://www.koryu.or.jp/ez3_contents.nsf/Top/2CD490BD755BBCC649257B4900248AAD?OpenDocument 二〇一六年一〇月一六日閲覧。

(8) http://www.kunaicho.go.jp/okotoba/01/speech/speech-h04e-china.html#china 二〇一六年一〇月二〇日閲覧。

(9) http://www.kantei.go.jp/jp/96_abe/discource/20131226danwa.html 二〇一六年一〇月二一日閲覧。

(10) http://jp.wsj.com/articles/SB10001424052702303319204579645222757300700 二〇一七年九月一日閲覧。

(11) http://www.mofa.go.jp/mofaj/s_sa/seal/vn/page3_001381.html 二〇一八年一月一二日閲覧。

終章

(1) http://nhcphistoricsites.blogspot.jp/ 二〇一七年八月二一日閲覧。

(2) http://www.mhlw.go.jp/stf/houdou/0000014444.html 二〇一七年四月一五日閲覧。

(3) http://www.mext.go.jp/b_menu/shingi/chukyo/chukyo0/toushin/1325047.htm 二〇一七年五月一一日閲覧。

あとがき

本書は、ある意味で二〇〇七年に出版した『戦争の記憶を歩く 東南アジアのいま』(岩波書店)の続編である。前著は、〇一年から六年連続で小泉首相が靖国神社に参拝した反響が、東南アジアから日本にあまり届かなかったことの意味を考えるため、東南アジアの戦争遺跡や博物館などを訪ね歩き、東南アジア側の「戦争の記憶」を伝えた。それから一〇年がすぎて、東南アジアも大きく変わり、アセアン共同体に向けた三本柱のひとつ、経済共同体が二〇一五年末に成立し、残りふたつの政治・安全保障共同体、社会・文化共同体にかんする議論もすすめられている。社会・文化共同体にかんする議論のなかには、共通する教育環境を整えることが含まれ、アセアン諸国の歴史や社会・文化の理解が急速に深まっている。『戦争の記憶を歩く』の英語訳を読んだフィリピン人学生の感想を考察したさいには、かれらは近隣諸国のことを知らないと結論したが[早瀬二〇一二]、それも訂正しなければならなくなっている。

わたしの職場環境も、大きく変わった。文学部の東洋史学に所属していたのが、独立大学院のアジア太平洋研究科に移り、おもに留学生を相手に教育・研究をおこなうことになった。学生の関心も、基礎研究から時事問題の研究に変わった。修士課程の学生の八割が留学生であり、そのうちの半分が中国人で、台湾人、韓国人も多いため、日中・日韓の歴史問題に関心をもつ学生が少なくない。だが、その関心は二国間関係が中心で東南アジアにまで視野を広げて考える者はいない。日本人学生と同じように、中国人も韓国人も東南アジアにはあまり関心がなく、知識も乏しい。そして、東南アジア各国は親日的であり、中国や韓国のような反日運動はないと考えている。東アジア共同体構想が話題になっても、東南アジアを含めて具体的にイメージすることができず、日中韓に東南アジアを加えて論じた基本的学術書もあまりないのが実情である。山室信一［二〇一七］や白永瑞［二〇一六］のように、東南アジアを加えて論じることの重要性を指摘する者もいるが、具体的な議論に進展していない。

前者では海域東南アジア史を専門とする者が、対象とする地域と時代を（現代に）広げた結果、不充分な記述がいくつかあり、叱正を受けた。本書は、日中韓にまで対象を広げたため、さらなる不安がある。東南アジアにかんする専門書・論文に比べ、日中・日韓にかんするものは桁違いに多いが、それでも事実関係を確認できないことがいくつも出てきた。できるだけのことをしたつもりであるが、前著に増して叱正を受けるかもしれない。

だが、本書にはその不充分な点を補ってあまりある点が多々ある、と確信している。日中・日韓の二国間関係でみえてこなかったことが、東南アジアからの視点を加えることでみえてくるだろう。東南アジアからの視点についても、本書がとりあげた英字新聞だけでなく、それぞれの国語、地方諸語、中国諸語、インド諸語などの新聞を対象にすることによって、もっと違ったことがわかるかもしれない。さらに、雑誌、テレビ番組、映画、インターネットを通じたソーシャルネットワークSNSなどのメディアを対象とすればより深い考察が可能になるかもしれない。本書を捨て石にした研究の可能性は無限大にあり、それらが歴史問題解決の着実な一歩一歩になるだろう。

　前述したように、本書を書くきっかけは、学生の関心にあった。まずは、学生と、さまざまな社会・教育環境を背景にもつかれらがそれぞれの考えを自由に議論できる土壌をつくった研究科の教職員に感謝したい。

　学生が関心をもつテーマのなかで、もうひとつ気になっているものがある。尖閣諸島や南シナ海の島じまをめぐる領有権の問題である。海域史を専門としている者からみると、海は国家が専有するものでも、できるものでもない。だれでもが利用できる共有の場としてのコモンズの海という考えが、古今東西、どこでもどの時代でもあった。領有権問題を考察するさいには、排他的に支配する考え方とともにコモンズの考え方が必要であるが、この分野にかんする文献は、国家の主張を一方的に述べるものかジャーナリステックなものしかなく、学術的なものが近年急速に増えてはいるものの、論文集が多く本格的な学術文献は限られている。「臨床の知」として、つぎに取り組んでいきたいと考えている。

　アセアン10各国の新聞の閲覧では、アジア経済研究所図書館のスタッフに散々お世話になった。また、大学院生の飴谷仁美さんと伊良波真理沙さんに手助けしてもらった。あらためて感謝申しあげる。

　本書の当初の目的は、日中・日韓の歴史問題にかんして日本にあまり伝わってこない東南アジアの「声」をアセアン10の英字新聞から拾い、日本、中国、韓国などの北東アジア諸国・地域にアセアンを加えた東アジアという地域の問題としてとらえ、今後を展望しようとするもので、それに考察を加えていくという考えはなかった。本書の草稿に適切な助言をし、付加価値をつけるよう誘ってくれたのは、編集部の吉田浩一さんだった。本書が、たんなる「声」の紹介を越えて読者に届くものがあったとすれば、それは吉田さんの功績である。感謝のことばもない。吉田さんの助言にもかかわらず、それに充分に応えることができなかったのは早瀬の責任である。本書をきっかけに、日中・日韓の歴史問題が東アジアという地域のなかで議論され、解決へと向かうことを願っている。

二〇一八年一月

早瀬晋三

岩波現代全書発刊に際して

いまここに到来しつつあるのはいかなる時代なのか。新しい世界への転換が実感されながらも、情況は錯綜し多様化している。先人たちは、山積する同時代の難題に直面しつつ、解を求めて学術を頼りに知的格闘を続けてきた。その学術は、いま既存の制度や細分化した学界に安住し、社会との接点を見失ってはいないだろうか。メディアは、事実を探求し真実を伝えることよりも、時流にとらわれ通念に迎合する傾向を強めてはいないだろうか。

現在に立ち向かい、未来を生きぬくために、求められる学術の条件が三つある。第一に、現代社会の裾野と標高を見極めようとする真摯な探究心である。第二に、今日的課題に向き合い、人類が営々と蓄積してきた知的公共財を汲みとる構想力である。第三に、学術とメディアと社会の間を往還するしなやかな感性である。様々な分野で研究の最前線を行く知性を見出し、諸科学の構造解析力を出版活動に活かしていくことは、必ずや「知」の基盤強化に寄与することだろう。

岩波書店創業者の岩波茂雄は、創業二〇年目の一九三三年、「現代学術の普及」を旨に「岩波全書」を発刊した。学術は同時代の人々が投げかける生々しい問題群に向き合い、公論を交わし、積極的な提言をおこなうという任務を負っていた。人々もまた学術の成果を思考と行動の糧としていた。「岩波全書」の理念を継承し、学術の初志に立ちかえり、現代の諸問題を受けとめ、全分野の最新最良の成果を、好学の読書子に送り続けていきたい。その願いを込めて、創業百年の今年、ここに「岩波現代全書」を創刊する。

（二〇一三年六月）

早瀬晋三

1955年岡山県津山市生まれ．東京大学文学部東洋史学科卒業．西豪州マードック大学 Ph. D.(歴史学)．現在早稲田大学大学院アジア太平洋研究科教授．海域東南アジア民族史，近現代アジア・日本関係史．

主要著書：『フィリピン近現代史のなかの日本人――植民地社会の形成と移民・商品』(東京大学出版会，2012年)，『マンダラ国家から国民国家へ――東南アジア史のなかの第一次世界大戦』(人文書院，2012年)，『歴史空間としての海域を歩く』(法政大学出版局，2008年)，『戦争の記憶を歩く 東南アジアのいま』(岩波書店，2007年)，『歴史研究と地域研究のはざまで――フィリピン史で論文を書くとき』(法政大学出版局，2004年)，『海域イスラーム社会の歴史――ミンダナオ・エスノヒストリー』(岩波書店，2003年，第20回「大平正芳記念賞」受賞)，『「ベンゲット移民」の虚像と実像――近代日本・東南アジア関係史の一考察』(同文舘，1989年)など．

岩波現代全書 113

グローバル化する靖国問題――東南アジアからの問い

2018年3月15日　第1刷発行

著　者　早瀬晋三《はやせしんぞう》

発行者　岡本　厚

発行所　株式会社 岩波書店

〒101-8002 東京都千代田区一ツ橋 2-5-5

電話案内 03-5210-4000

http://www.iwanami.co.jp/

印刷・三秀舎　カバー・半七印刷　製本・松岳社

ISBN 978-4-00-029213-9　　Printed in Japan

索　引

●人名

ア行

カ行

サ行

タ行

ナ行

ハ行

マ行

ヤ行

ラ行

ラブロフ，セルゲイ(外相)Sergey V. Lavrov　158
ラーマ9世(プミポン国王)　25
リー・クアンユー(首相)Lee Kuan Yew　24
リー・シェンロン(首相)Lee Hsien Loong　9, 42
リチャードソン，マイケル Michael Richardson　144

ワ行

ワッセルストロム，ジェフリー Jeffrey Wasserstrom　126

●事項

欧文

A 級戦犯　18, 23, 24, 31, 38, 45, 75, 90, 102, 105-107, 116, 158, 188, 189
ASA 東南アジア連合　150
BC 級戦犯　4, 24, 90, 101, 102
EU ヨーロッパ連合　2, 65, 70, 130, 156, 157, 175, 196
GDP 国内総生産　2, 31, 118, 173, 176, 203
GNI 国民総所得　113, 172
NATO 北大西洋条約機構　82
Oana-kyodo アジア太平洋通信社機構 Organization of Asia-Pacific News Agencies　46
ODA 政府開発援助　19, 25, 33, 50, 52, 54, 70, 79, 166, 190
TPP 環太平洋パートナーシップ協定 Trans-Pacific Strategic Economic Partnership Agreement　171

ア行

アジア・アフリカ会議　67, 71, 80, 84, 89
アジア安全保障会議(シャングリラ・ダイアローグ)　124
アジアインフラ投資銀行 AIIB: Asian Infrastructure Investment Bank　176
アジア欧州会合 ASEM: Asia-Europe Meeting　123
アジア開発銀行 ADB: Asian Development Bank　25, 176

カ行

サ行

タ行

ナ行

ハ行

マ行

ヤ行

ラ行

アセアン・日本・中国・韓国　関連年表

1952年	
4月28日	(日)サンフランシスコ講和条約が発効，主権回復(2013年に「主権回復の日」と定める).
1953年	
8月1日	(日)旧軍人・軍属恩給復活.
1954年	
9月8日	東南アジア条約機構(SEATO)結成(77年6月30日解散).
1955年	
4月18日	バンドンで第1回アジア・アフリカ会議開催.
1959年	
3月28日	(日)国立千鳥ヶ淵戦没者墓苑竣工.
1962年	
11月5日	(日)皇太子・同妃フィリピン訪問(~10日).
1965年	
6月22日	日韓基本条約締結.
9月30日	インドネシア，9・30事件.
12月30日	フィリピン，マルコス大統領就任.
1967年	
8月8日	東南アジア諸国連合(アセアン)結成(タイ・インドネシア・シンガポール・フィリピン・マレーシア).
1972年	
5月15日	(日)沖縄，本土復帰.
9月21日	フィリピン，マルコス大統領，戒厳令布告(~81年1月17日).
9月29日	日中国交正常化.
1973年	
3月28日	(日)「比島戦没者の碑」建立.

9 月 21 日	ベトナム民主共和国(北ベトナム)と日本，国交樹立.

1974 年

1 月 7～17 日	(日)田中角栄首相，東南アジア歴訪. バンコクで反日デモ，ジャカルタで反日暴動発生.
5 月 31 日	マレーシアと中国，国交樹立.

1975 年

6 月 9 日	フィリピンと中国，国交樹立.
7 月 1 日	タイと中国，国交樹立.
11 月 21 日	(日)昭和天皇，戦後 8 度目の靖国神社親拝(以後おこなわれず).

1976 年

6 月 22 日	(日)「英霊にこたえる会」設立.

1977 年

8 月 17 日	(日)東南アジア外交三原則(「福田ドクトリン」)発表.

1978 年

8 月 12 日	日中平和友好条約締結.
10 月 17 日	(日)靖国神社，A 級戦犯 14 人を合祀.

1979 年

1 月 1 日	アメリカと中国，国交樹立.
2 月 15 日	中越戦争開戦(～3 月 16 日).

1980 年

6 月 22 日	(日)自由民主党，衆参同日選挙公約で「靖国神社公式参拝」「国家護持」を掲げる.
8 月	シンガポール，リー・クアンユー首相「日本に学べ」運動提唱.

1981 年

	(日)「みんなで靖国神社に参拝する国会議員の会」結成.
12 月 15 日	マレーシア，マハティール首相「ルック・イースト」政策提唱.

1982年	
6月26日	(日)高校歴史教科書検定で,「侵略」を「進出」とかえたと誤報.
7月20日	(中)「人民日報」,教科書問題で日本政府にたいする公式批判開始.
1983年	
12月18日	(日)第37回衆議院議員総選挙,自由民主党250議席(48.9%).
1984年	
1月1日	ブルネイ,独立.
1月8日	ブルネイ,アセアン加盟.
1985年	
8月14日	(日)藤波孝生官房長官,談話発表.
8月15日	(日)中曽根康弘首相,靖国神社公式参拝.
8月15日	(中)「侵華日軍南京大屠殺遇難同胞紀念館」(南京大虐殺紀念館)開館.
1986年	
2月22日	フィリピン,「ピープル・パワー革命」(~25日).
7月6日	(日)第38回衆議院議員総選挙,自由民主党300議席(58.6%).
7月7日	(日)「日本を守る国民会議」編の高校日本史の教科書が検定通過.
8月14日	(日)後藤田正晴官房長官,靖国神社に関する談話発表.
11月	ラオス,チンタナカーン・マイ政策(新思考政策)提唱.
12月	ベトナム,ドイモイ政策(刷新政策)提起.
1987年	
6月29日	(韓)盧泰愚大統領候補,「民主化宣言」.
7月7日	(中)「中国人民抗日戦争紀念館」開館.
1988年	
3月14日	中越,南沙諸島で武力衝突(スプラトリー諸島海戦).
8月8日	ビルマ,「8888民主化運動」(3月ころから学生主体の運動).

1989年	
6月4日	(中)六四天安門事件.
6月18日	ビルマ，国名の英語呼称をバーマ(ビルマ)からミャンマーに変更.
7月20日	(中)ミャンマー，軍事政権がアウンサンスーチーを自宅軟禁.
11月6日	アジア太平洋経済協力(APEC)発足.
1990年	
2月18日	(日)第39回衆議院議員総選挙，自由民主党275議席(53.7%).
8月8日	インドネシアと中国，国交正常化.
9月30日	韓国とソ連，国交樹立.
10月3日	シンガポールと中国，国交樹立.
12月18日	(日)政府，「慰安婦」問題にたいする政府の「関与」否定.
1991年	
4月1日	韓国国際協力団(KOICA)設立.
9月17日	北朝鮮と韓国，国連に同時加盟.
10月14日	ミャンマー，アウンサンスーチーのノーベル平和賞受賞.
1992年	
1月16日	(日)宮沢喜一首相，韓国訪問.「慰安婦」への日本軍の関与を認め，公式に謝罪(~17日).
2月25日	(中)領海・接続水域法制定．南シナ海・尖閣諸島を中国領と規定.
5月	タイ，「暗黒の5月事件」. 91年軍事クーデタにたいし民主化を求めるデモを弾圧.
6月19日	(日)国際平和協力法(PKO協力法)成立.
8月24日	中国と韓国，国交樹立.
10月23日	(日)天皇皇后，中国訪問(~28日).
11月	(日)宮沢喜一首相，靖国神社参拝.
1993年	
3月12日	北朝鮮，核拡散防止条約(NPT)脱退表明.
5月23日	カンボジア，国民議会選挙(28日まで).
7月18日	(日)第40回衆議院議員総選挙，自由民主党223議席(43.6%).

7 月 23 日	アセアン拡大外相会議(〜25 日), アセアン地域フォーラム(ARF)設立合意(94 年 7 月 25 日第 1 回会議).
8 月 4 日	(日)「慰安婦関係調査結果発表に関する河野内閣官房長官談話(河野談話)」発表.

1994 年

6 月	北朝鮮, 国際原子力機関(IAEA)脱退宣言.
7 月 8 日	北朝鮮, 金日成国家主席死去.

1995 年

2 月	(中)南シナ海「ミスチーフ礁」に建造物を構築.
7 月 19 日	(日)「女性のためのアジア平和国民基金(アジア女性基金)」設立(2007 年 3 月解散).
7 月 28 日	ベトナム, アセアンに加盟.
8 月 15 日	(日)村山富市首相, 「戦後 50 周年の終戦記念日にあたって」(村山談話)発表.

1996 年

3 月 1 日	第 1 回アジア欧州会議(ASEM)(〜2 日).
7 月 29 日	(日)橋本龍太郎首相, 靖国神社参拝.
10 月 20 日	(日)第 41 回衆議院議員総選挙, 自由民主党 239 議席(47.8%).
11 月 30 日	第 1 回 ASEAN 非公式首脳会議, 「アセアンビジョン 2020」起草を合意.

1997 年

7 月	アジア通貨危機.
7 月 23 日	ミャンマーとラオス, アセアンに加盟.
12 月 16 日	第 1 回アセアン＋3 首脳会議開催(以後, 毎年開催).

1998 年

5 月 21 日	インドネシア, スハルト体制崩壊.
10 月 8 日	(韓)金大中大統領訪日. 「日韓共同宣言—21 世紀に向けた新たな日韓パートナーシップ」発表.
12 月 16 日	第 6 回アセアン公式首脳会議, 「アセアンビジョン 2020」実現のための最初の行動計画「ハノイ行動計画」(99 年〜2004 年までの 6 カ年計画)採択.

1999年	
4月30日	カンボジア，アセアンに加盟.
11月28日	第3回アセアン+3首脳会議，「東アジアにおける協力に関する共同声明」採択.
2000年	
5月6日	第2回アセアン+3蔵相会議，通貨スワップ協定(チェンマイ・イニシアティブ)合意.
6月25日	(日)第42回衆議院議員総選挙，自由民主党233議席(48.5%).
2001年	
4月5日	(日)「新しい歴史教科書をつくる会」編集の教科書，検定合格.
8月13日	(日)小泉純一郎首相，靖国神社参拝.
9月11日	アメリカ，同時多発テロ.
10月20日	日韓首脳会談，歴史共同研究に合意.
11月	第5回アセアン+3首脳会議，東アジア共同体提唱.
2002年	
4月21日	(日)小泉純一郎首相，靖国神社参拝.
5月20日	東ティモール民主共和国独立.
5月31日	日本と韓国，2002 FIFAワールドカップ共同開催(〜6月30日).
11月4日	アセアン・中国外相会議，「南シナ海行動宣言(DOC)」採択.
12月17日	国際司法裁判所，インドネシア・マレーシア間の領土紛争で裁定.
2003年	
1月10日	北朝鮮，核拡散防止条約(NPT)脱退.
1月14日	(日)小泉純一郎首相，靖国神社参拝.
10月7日	第9回アセアン首脳会議，第2アセアン協和宣言.
11月9日	(日)第43回衆議院議員総選挙，自由民主党237議席(49.4%).
12月26日	(日)航空自衛隊(先遣隊)，イラク派遣(〜2009年2月).
2004年	
1月1日	(日)小泉純一郎首相，靖国神社参拝.

1 月 1 日　(韓)日本文化第 4 次開放．日本映画全面解禁．
4 月 3 日　韓国の俳優ペ・ヨンジュン初来日．韓流ブームピーク．

2005 年

2 月 10 日　北朝鮮，公式に核兵器保有宣言．
3 月 17 日　(韓)「国家安全保障会議常任委員会声明」を発表し，「対日新原則」を表明．
3 月 25 日　(日)島根県議会，2 月 22 日を「竹島の日」とする条例制定．
4 月 2 日　(中)大規模反日デモ(～17 日)．
4 月 22 日　アジア・アフリカ会議(バンドン会議 50 周年を記念する首脳会議)．
7 月 25～26 日　ミャンマー，翌年のアセアン議長国就任を辞退．
9 月 11 日　(日)第 44 回衆議院議員総選挙，自由民主党 296 議席(61.7%)．
10 月 17 日　(日)小泉純一郎首相，靖国神社参拝．

2006 年

5 月 9 日　第 1 回アセアン国防相会議(ADMM)．
8 月 15 日　(日)小泉純一郎首相，靖国神社参拝．
9 月 19 日　タイ，軍事クーデタ．タクシン政権崩壊．
10 月 9 日　北朝鮮，地下核実験実施．核保有国に．

2007 年

6 月 30 日　韓国とアメリカ，自由貿易協定(FTA)署名(2012 年発効)．
9 月 5 日～　ミャンマー，僧侶デモに市民 10 万が合流．軍事政権が武力で弾圧．
11 月 20 日　アセアン経済共同体(AEC)ブループリント．

2008 年

5 月 2 日　ミャンマー，サイクロン「ナルギス」上陸．国際支援受け入れ．
5 月 23 日　国際司法裁判所，マレーシア・シンガポール間の領土紛争で裁定．
6 月 18 日　日中政府，東シナ海ガス田開発合意．
7～10 月　カンボジアとタイ，プレアヴィヒア遺跡で武力衝突．
12 月 13 日　第 1 回日中韓首脳会議．
12 月 15 日　アセアン憲章発効(07 年 11 月 20 日署名，採択)．

2009年	
3月1日	チャヤアム・ホアヒン宣言(アセアン共同体2009-15年行動計画).
3月1日	アセアン政治・安全保障共同体(APSC)ブループリント，アセアン社会・文化共同体(ASCC)ブループリント.
6月	第1回アメリカ・アセアン首脳会議.
8月30日	(日)第45回衆議院議員総選挙，民主党308議席(64.2%). 9月16日鳩山由紀夫内閣成立.
2010年	
3月16日	(日)国立歴史民俗博物館第6展示室「現代」開室.
9月7日	日本の海上保安庁巡視船と中国の漁船が，尖閣諸島で衝突.
2011年	
2月4日	カンボジアとタイ，プレアヴィヒア遺跡で再度武力衝突(12年7月撤退).
3月4日	東ティモール，アセアン加盟申請.
3月11日	(日)東日本大震災発生.
3月30日	ミャンマー，民政移管(テイン・セイン政権).
7月22日	中国・アセアン，「南シナ海行動宣言(DOC)履行ガイドライン」合意.
12月14日	(韓)日本大使館の真向かいに「平和の少女像」(「慰安婦」問題を象徴する少女像)が設置される.
2012年	
4月8日	フィリピン海軍艦艇と中国監視船，南シナ海スカボロー礁で1カ月以上対峙.
7月17日	(中)海南省に「三沙市」成立発表.
8月10日	(韓)李明博大統領，竹島上陸.
9月11日	(日)尖閣諸島の国有化，閣議決定.
9月12日	フィリピン，西部海域を「西フィリピン海」と命名，公布.
12月16日	(日)第46回衆議院議員総選挙，自由民主党294議席(61.3%).
2013年	
1月22日	フィリピン，南シナ海領有権問題で中国を仲裁裁判所(ハー

グ)に提訴.

12月13日 (日)「特定秘密の保護に関する法律」(特定秘密保護法)公布.

12月26日 (日)安倍晋三首相，靖国神社参拝.

2014年

5月2日～ (中)ベトナムの排他的経済水域(EEZ)に石油採掘装置を設置．ベトナムで反中デモ，暴徒化.

5月7日 タイ，軍事クーデタ．インラック政権崩壊.

10月24日 アジアインフラ投資銀行(AIIB)設立(13年秋に中国が提唱，15年12月25日発足).

11月10～11日 (中)アジア太平洋経済協力会議(APEC)で一帯一路経済圏構想提唱.

12月14日 (日)第47回衆議院議員総選挙，自由民主党291議席(61.3%).

2015年

4月22～24日 アジア・アフリカ会議(バンドン会議60周年を記念する首脳会議).

6月1日 韓国と中国，FTA署名(同年12月20日発効).

9月30日 平和安全法制(安全保障関連法)公布.

10月26日 アメリカ，南シナ海で「航行の自由作戦」.

12月28日 日韓政府，「慰安婦」問題「合意」.

12月31日 アセアン経済共同体(AEC)成立.

2016年

1月26日 (日)天皇皇后，フィリピン訪問(～30日).

7月12日 仲裁裁判所(ハーグ)，南シナ海領有権問題でフィリピンの主張を認め，中国の主権認めず.

2017年

2月15日 シンガポールの「フォード工場跡」博物館，リニューアルオープンにさいし「昭南ギャラリー」と改称(反対を受け17日に「日本の占領を生き抜いて」と再改称).

2月28日 (日)天皇皇后，ベトナム訪問(～3月5日).

4月13日 (日)皇太子マレーシア訪問(～17日).

7月14日 インドネシア，南シナ海南部のナトゥナ諸島の北部海域を「北ナトゥナ海」と改称.

8 月 6 日	アセアン・中国,「南シナ海行動規範 COC」枠組み承認．中国主導で法的拘束力のない骨抜きに．
10 月 22 日	(日)第 48 回衆議院議員総選挙，自由民主党 284 議席(61.1%)．
12 月 8 日	フィリピン，マニラに「慰安婦」像設置．